아! 그렇구나

우리 역사

발해

* * *

이 책에 관해 궁금한 점이 있으면 송호정 선생님께 이메일로 물어 보세요.

이메일 주소 : hjsong@knue.ac.kr

* * *

아! 그렇구나

우리 역사

❻ 발해

2005년 2월 15일 1판 1쇄 펴냄
2010년 7월 25일 1판 5쇄 펴냄

글쓴이 · 송호정 | 감수 · 송기호
그린이 · 노정아
펴낸이 · 조영준

편집 · 용진영 정애경 | 교열 교정 · 최영옥
표지 및 본문 디자인 · 홍수진

출력 · (주)한국커뮤니케이션 | 종이 · 대림지업 |
인쇄 · 천일문화사 | 라미네이팅 · 상신 | 제책 · 대신문화사

펴낸곳 · 여유당출판사 | 출판등록 · 395-2004-00068
주소 · 서울시 마포구 서교동 451-48 2층
전화 · 02-326-2345 | 팩스 · 02-326-2335
이메일 · yybooks@hanmail.net

ISBN 89-955552-6-2 44910
ISBN 89-955552-0-3 (전15권)

아! 그렇구나

우리 역사

발해

글 · 송호정 | 감수 · 송기호
그림 · 노정아

여유당

아! 그렇구나 우리 역사를 여유당에서 펴내며

많은 사람들의 관심과 함께 시작한 《아! 그렇구나 우리 역사》는 이 일 저 일 어려운 과정을 거친 끝에 여유당 출판사에서 첫 권부터 다시 출간하게 되었습니다. 이 시리즈를 손수 준비하고 책을 펴낸 기획 편집자 입장에서 완간 자체가 만만치 않다는 사실을 몰랐던 바 아니지만, 대대로 이어 온 우리 역사가 수없이 많은 가시밭길을 걸어온 것처럼 한 권 한 권 책을 낼 때마다 극심한 긴장과 고비를 피할 수는 없었습니다. 이 시리즈의 출간 준비에서부터 5권 신라·가야 편이 세상에 나오기까지 4년이 걸렸고, 이후 1년 반이 지나서야 6권, 7권, 8권이 뒤를 잇게 되었습니다. 독자들과의 약속대로라면 이미 완간해 가는 시점인데, 이제야 절반에 다다랐으니 아직도 그만큼의 어려움이 남은 셈입니다. 먼저 독자들에게 미안한 일이고, 가능한 한 빨리 완간을 하는 게 그나마 미안함을 덜 수 있는 최선이라고 생각합니다.

여유당 출판사에서는 이 시리즈를 처음 계획했던 총 17권을 15권으로 다시 조정했습니다. 11권 조선 시대 이후 근현대사가 다소 많은 비중을 차지한다는 집필진들의 생각에 따라, 12권 개항기와 13권 대한제국기를 한 권으로 줄였고, 마찬가지로 14, 15권 일제 강점기를 한 권으로 모았습니다. 물론 집필진은 이전과 같습니다.

1권 원시 시대를 출간할 때만 해도 어린이·청소년층에 맞는 역사 관련 책들을 찾기가 쉽지 않더니 지금은 몇몇 출판사에서 이미 출간했거나 장르별 혹은 연령별로 준비하는 실정입니다. 이런 상황에서 《아! 그렇구나 우리 역사》 시리즈가 독자들뿐만 아니라 다양한 계층의 관계자들에게 소중한 자료로 자리매김했다는 사실에 필자들이나 기획자로서 작은 보람을 느낍니다. 어린이·청소년 출판이 가야 할 길이 아직 멀고 멀지만 번역서나 창작 동화를 앞다투어 쏟아 내던 이전의 풍경에 비하면 아주 반가운 현상이라 할 수 있겠습니다.

더불어 2004년은 중국의 동북 공정 문제로 우리 역사를 진지하게 바라볼 수 있는 한 해가 되었습니다. 우리 역사를 어설프게 이해하고 우리 역사에 당당한 자신감을 갖지 못할 때 고구려 역사도·발해 역사도, 그리고 동해 끝 섬 독도까지도 중국과 일본의 틈바구니에서 부대낄 것은 뻔한 사실입니다. 특히 21세기를 이끌어 갈 10대 청소년들의 올바른 역사 인식은 민족의 운명을 가늠하는 발판임이 분명합니다.

학창 시절 대다수에게 그저 사건과 연대, 그리고 해당 시대의 영웅을 잘 외우면 그뿐이었던 잘못된 역사 인식을 꿈 많은 10대들에게 그대로 물려줄 수는 없습니다. 우리 역사는 한낱 조상들이 남긴 흔적이 아니라 개인에게는 자신의 가치관을 여물게 하는 귀중한 텃밭이요, 우리에게는 세계 무대에서 한국인이라는 자신감을 갖고 당당히 어깨를 겨루게 할 핏줄 같은 유산임을 잊지 말아야 합니다.

그런데 아직도 우리에게는 10대 청소년이 읽을 만한 역사책이 빈약합니다. 이제 전문가가 직접 쓴 책도 더러 눈에 띄지만 초·중학생 연령층이 쉽게 접할 수 있는 책은 여전히 많지 않습니다. 그나마 고등학생 나잇대의 청소년이 읽을 만한 역사물도 사실은 성인을 주 대상으로 만들어졌을 뿐입니다. 그만큼 내용과 문장의 난이도가 높거나 압축·생략이 많아 청소년들이 당시 역사의 과정을 제대로 이해하면서 읽어 나가기 어려운 게 현실입니다.

따라서 10대의 눈높이에 맞춰 역사를 서술하고, 역사의 의미를 제대로 이해할 수 있게 관점을 제시하며, 역사 이해의 근거로서 봐야 할 풍부한 유적·유물 자료, 상상력을 도와주는 바람직한 삽화, 게다가 청소년이 읽기에 적절한 활자 크기와 종이 질감 등을 고민한 책이 반드시 필요했습니다. 자신의 세계관과 올바른 역사관을 다질 수 있는 이 시리즈는 '전문 역사학자가 처음으로 쓴 10대 전반의 어린이·청소년을 위한 한국 통사'라는 데 의미가 크다고 하겠습니다. 이 시리즈는 이렇게 만들었습니다.

첫째, 이 책은 전문 역사학자들이 소신 있게 들려 주는 우리 조상들의 삶 이야기입니다. 원시 시대부터 해방 후 1987년 6월 항쟁까지를 15권에 아우르는 《아! 그렇구나 우리 역사》는 한 권 한 권, 해당 시대의 역사를 연구해 온 선생님이 직접 쓰셨습니다. 고구려 역사를 오래 공부한 선생님이 고구려 편을 쓰셨고, 조선의 역사를 연구하는 선생님이 조선 시대 편을 쓰셨습니다.

둘째, 초등학교 고학년과 중학생 연령층의 10대 어린이·청소년을 위해 만들었습니다.

지금까지 초등학교 저학년 어린이를 위한 위인전이나 동화 형식의 역사물은 여럿 있었고, 또 고등학생을 대상으로 펴낸 생활사, 왕조사 책도 눈에 띕니다. 하지만 위인전이나 동화 수준에서는 벗어나고, 고등학생의 독서 수준에는 아직 미치지 못하는 단계에 필요한 징검다리 책은 찾아볼 수 없었습니다. 《아! 그렇구나 우리 역사》는 초등학교 5·6학년과 중학생 연령층의 청소년에게 바로 이러한 징검다리가 될 것입니다.

셋째, 각 시대를 살았던 일반 백성의 생활을 구체적으로 생생하게 묘사했습니다.

그 동안 어린이·청소년을 위한 역사책이 대부분 영웅이나 사건 중심으로 이야기를 풀어 나갔다면, 이 시리즈는 과거 조상들의 생활에 역사의 중심을 두고 시대에 따른 정치·경제·사회·문화의 변화를 당시의 국제 정세와 함께 이해할 수 있도록 꾸몄습니다. 이 책을 읽으면서 독자 여러분은 당시 사람들의 생활 세계를 머릿속에 그려 나갈 수 있을 것입니다.

넷째, 최근 연구 성과에 따른 글쓴이의 목소리에도 힘을 주었습니다.

이미 교과서에 결론이 내려진 문제라 할지라도, 글쓴이의 견해에 따라 당시 상황의 발단과 과정에 확대경을 대고 결론을 달리 생각해 보거나 논쟁할 수 있도록 주제를 끌어냈습니다. 이는 곧 암기식 역사 교육의 틀을 깨고, 독자 한 사람 한 사람이 다양한 각도에서 역사의 비밀을 푸는 주인공이 되도록 유도하려 함입니다. 이는 역사적 사실과 인물을 통해 자신의 현재와 미래를 통합적인 시각으로 내다보게 하는 장치이며, 여기에 바로 이 시리즈를 출간하는 의도가 있습니다.

다섯째, 전문적인 내용일수록 이해하기 쉽게 풀어 쓰려고 노력했습니다.

주제마다 독자의 상상력만으로 해결되지 않는 부분은 권마다 200여 장에 이르는 유적·유물 자료 사진과 학계의 고증을 거친 그림을 통해 충분히 이해할 수 있도록 했습니다. 또한 중간중간 독자 여러분이 좀더 깊이 있게 알았으면 하는 주제는 네모 상자 안에 자세히 정리해 정보의 극대화를 꾀했습니다.

이 책을 위해 젊은 역사학자 9명이 힘을 합쳐 독자와 함께 호흡하는 한국사, 재미있는 한국사를 쓰려고 노력했습니다. 그러나 역사란 너무나 많은 것을 품고 있기에, 집필진 모두는 한국 역사를 쉽게 풀어서 새롭게 쓴다는 것 자체가 매우 어려운 일임을 절감했습니다. 더구나 청소년의 정서에 맞추어 우리 역사 전체를 꿰뚫는 책을 쓴다는 것은 박사 학위 논문을 완성하는 것 못지않게 힘든 과정이었습니다. 거기에 한 문장 한 단어마다 꼼꼼한 교열 교정을 거듭했습니다.

이 시리즈는 단순히 10대 어린이·청소년만을 위한 책이 아닙니다. 우리 역사를 소홀히 여겼던 어른이 있다면, 이 책을 함께 읽으면서 새로운 양식을 얻을 수 있으리라 생각합니다. 나아가 이 시리즈는 온 가족이 함께 읽는 데 큰 어려움이 없게 공을 들였습니다.

아직 미흡한 점이 많으나, 이 시리즈를 통해 여러분이 우리 역사를 올바로 이해하고 자신만의 세상을 더불어 열어 나가는 데 도움이 되기를 바랍니다.

2005년 2월
집필진과 편집진

발해를 꿈꾸며 - 해동성국 -

서태지 작사 작곡

진정 나에겐 단 한 가지 내가 소망하는 게 있어
갈려진 땅의 친구들을 언제쯤 볼 수가 있을까
망설일 시간에 우리를 잃어요.
한 민족인 형제인 우리가 서로를 겨누고 있고
우리가 만든 큰 욕심에 내가 먼저 죽는걸
처절한 그날을 잊었던 건 아니었겠지.
우리 몸을 반을 가른 채 현실 없이 살아갈 건가
치유할 수 없는 아픔에 절규하는 우릴 지켜줘
시원스레 마음의 문을 열고 우리와 나갈 길을 찾아요.
더 행복할 미래가 있어 우리에겐……
언젠가 나의 작은 땅에 경계선이 사라지는 날
많은 사람이 마음속에 희망들을 가득 담겠지
난 지금 평화와 사랑을 바래요.
……(이하 생략)

강원도 철원의 비무장 지대 안에 있는
북한 노동당사 앞에서
한 소녀가 통일을 염원하는 한반도기를 걸고 있다.

알쏭달쏭 뜻 모를 이 글은 서태지가 부른 노래 가사입니다. 서태지를 모른다고요? 지금부터 10년 전에는 우리 나라에서 가장 인기 있는 가수가 서태지였답니다. 그런데 노래 내용이 사랑 이야기도 아니고 '발해'라니, 조금은 이상하지 않나요? 여러분에겐 아마 노래 내용이 쉽지는 않을 듯합니다.

서태지라는 가수는, 발해가 통일 신라와 함께 지내는 모습이 오늘날 우리가 남과 북으로 갈라져 지내는 모습과 비슷하다고 생각했나봐요. 그래서 발해 역사를 돌아보면서 안타까운 우리 현실 문제가 해결되기를 바라는 마음으로 가사를 썼다고 해요. 남북 통일로 다시금 우리 나라를 '해동성국'으로 만들어 보자는 미래에 대한 꿈으로 발해 역사를 노래한 것이지요.

신라가 삼국을 통일한 뒤, 대조영은 발해를 세워 잃어버린 만주 땅을 되찾았습니다. 두 나라는 서로 230여 년을 오늘의 남한과 북한처럼 지내 왔습니다. 같은 피를 나눈 한 민족이면서 때로는 가깝게, 때로는 멀게 23년도 아니고 230년이라는 오랜 세월을 서로 갈라진 땅에서 지냈습니다. 한 민족인 형제가 서로 사랑하지 못하는 것을 안타까워하는 마음이 서태지 노래 가사 곳곳에 배어 있는 이유는 바로 이 때문입니다.

크지도 않은 작은 땅, 피와 살을 나눈 형제가 사는 곳임에도 불구하고 서로 자유롭게 오가지 못하고 남북으로 두 동강난 우리 한반도 현실을 생각하면 저는 언제나 가슴이 미어집니다. 남과 북이 하나로 통일되기를 바라는 마음이 발해 역사를 한 권의 책으로 쓰게 한 가장 큰 힘입니다.

그런데 고구려를 뒤이어 씩씩하고 용맹스런 사람들이 살던 나라 발해는 만주벌 동쪽에 자리 잡아 쉽게 가 볼 수 없습니다. 더군다나 관련된 자료마저 풍부하지 않아 우리에게 굉장히 낯설게만 여겨집니다. 언젠가 통일이 되면 압록강 건너 만주 벌판을 호령하던 고구려와 발해 땅을 쉽게 갈 수 있겠지요.

현재 우리 나라에는 발해를 꿈꾸는 연구자들이라야 다섯 손가락에 꼽을 정도랍니다. 그래서 그럴까요? 우리 나라 역사 교과서에도 발해의 역사는 통일신라 뒤쪽에 달랑 몇 줄 끼워 넣는 게 전부였지요. 요즘은 사정이 나아져, "고구려의 부활을 꿈꾼 대조영이 세운 국가", "'해동성국'으로 불렸다"는 등의 내용으로 통일신라와 함께 한국사의 한 부분을 차지하고 있습니다. 하지만 여전히 우리는 '발해' 하면 대조영, 정혜 공주, 해동성국 등 몇몇 내용만 알고 있을 뿐입니다. 그 옛날 고구려와 백제, 그리고 신라가 서로 공존했던 삼국 시대에 관해서는 무척 잘 알고 있으면서도 말이에요.

만주를 중심에 두고 북으로 저 멀리 연해주 아무르 강까지, 남으로는 한반도 북부까지 고구려 영토의 두 배가 넘는 땅에서 천하를 호령하던 나라 발해. 발해를 꿈꾸는 이유가 진실로 민족의 통일 문제와 관계가 있다니, 우리 모두 발해 역사에 많은 관심을 가져야겠습니다.

자! 이제 발해는 진정 어떤 나라였는지, 그 미지의 세계로 여행을 떠나 볼까요?

일러두기

1. 연대를 표기할 때는 지금 우리 나라에서 공용으로 쓰는 서력 기원(서기)에 따랐다. 따라서 본문에 '서기전 1500년'이라 쓴 연대는 서력 기원 전 1500년을 의미한다. 흔히 쓰이는 '기원전'이라는 말을 피하고 '서기전'이라 한 것은, 기원전이란 말 자체가 '서력 기원 전'의 준말이기도 하거니와, 단군 기원인지 로마 건국 기원인지 예수 탄생 기원인지 분명하게 드러나지 않는 '기원전'보다 '서기전'이라는 말이 그 본래 의미를 더 잘 전달한다고 보기 때문이다.

2. 외국의 인명과 지명은 기본적으로 외래어 표기법을 따랐다. 다만 중국 지명인 경우, 먼저 중국어 발음에 근거하여 외래어 표기법에 따라 쓴 다음 괄호 ( ) 안에 우리 말 한자 발음과 한자를 같이 적었다. 중국어 발음을 확인하기 어려운 마을 이름은 우리 말 한자 발음으로 적었다.
그리고 외래어 표기법에서는 중국의 강 이름을 적을 때 중국어 발음 뒤에 '강' 자를 덧붙이도록 했으나(예:황허 → 황허 강, 혼강 → 훈 강), '강'을 뜻하는 말('허'와 '강', '장'과 '강')이 겹치는 만큼 본래의 강 이름을 아는 데 혼란스러워질 수 있다. 그래서 '황허'는 '황허', '혼강'은 '훈 강'으로 쓴다.

3. 역사학 용어는 기본적으로 국사편찬위원회의 분류에 따르고, 고고학 용어는 국립문화재연구소에서 펴낸 《한국고고학사전》(2002)의 표기에 따랐으나, 어려운 한자어 대신 알기 쉬운 우리말로 바꿀 수 있는 경우에는 바꿔서 썼다. 국립 박물관에서 펴낸 도록(이를테면 국립 부여 박물관의 《국립부여박물관》)에서도 되도록 쉬운 말로 바꿔 쓰는 추세이고(예:정림사지→ 정림사 터), '횡혈식 석실분' 같은 말을 '굴식 돌방 무덤'으로 바꿔 실은 《한국고고학사전》의 기본 정신도 그러하다고 보기 때문이다.

4. 글쓴이의 견해가 교과서와 다르거나 역사 해석에 논쟁의 여지가 있는 경우, 역사학계의 최신 연구 성과에 근거하여 글쓴이의 관점과 해석에 따라 서술하고, 그와 다른 견해도 있음을 밝혔다.

1

고구려 유민 대조영이 세운 나라

발해가 세워지기까지

꺼져 가는 고구려 불씨를 이어받다

동북 아시아의 호랑이가 사라지다

고구려가 망한 지 꼭 30년 뒤인 698년, 고구려 유민 대조영이 발해를 세웠습니다. 고구려의 마지막 도읍지 평양성은 신라와 당나라 연합군에 의해 최후를 맞이합니다. 이로써 동아시아 일대에서 막강한 힘을 자랑하던 고구려는 역사 속으로 사라지고 말았습니다. 약 700년 동안 동북 아시아의 호랑이로 군림한 고구려의 멸망(668년)은 씩씩하고 호방하던 고구려 유민들에게 많은 시련을 주었지요.

여기서 시간을 거슬러 올라가 김춘추와 당나라 황제가 은밀히 나

고구려 평양성 전경
평양 시내 한복판에 위치한 평양성은 북한이 자랑하는 국보 1호 유적이다. 고구려의 마지막 도성으로, 586년 안학궁에서 이 곳 평양성으로 도읍을 옮겼다. 평양성은 668년 나당 연합군에게 망할 때까지 83년 간 고구려의 수도였으며, 장안성이라 불리기도 했다.

눈 약속을 알아야 할 것 같군요.

고구려 · 백제 · 신라 삼국이 치열하게 통일 전쟁을 전개하던 무렵, 백제가 먼저 주도권을 쥐고 신라의 대야성을 함락합니다. 경상남도 합천에 있는 대야성은 신라 왕실에겐 중요한 지역으로 김춘추의 사위 품석 장군이 지키던 곳이었지요. 그런데 백제 의자왕이 보낸 군대에 의해 그 곳이 함락되고 품석과 그의 부인(김춘추의 딸)은 장렬한 최후를 맞이합니다. 뜻밖의 슬픈 소식을 들은 김춘추는 자신의 울분을 씻고 백제의 위협에서 벗어나기 위해 다른 나라로 군사를 빌리러 떠납니다.

그는 먼저 일본 땅에 건너갔지만 거절당하고 돌아옵니다. 곧바로 고구려 연개소문에게 달려가 군대를 요청했으나, 연개소문은 일찍이 고구려 땅이었던 한강 유역을 돌려주면 군대를 빌려 주겠다고 조건

평양성 을밀대
평양성은 바깥성과 안성 두 부분으로 나뉘는데, 안성 북쪽에 설치한 북장대(장수의 지휘소)가 을밀대이다. 평양성 안에서 가장 높은 지휘소(장대)로, 평양 시내와 대동강 일대를 한눈에 내려다볼 수 있다.

을 달았습니다. 결국 협상은 깨지고 김춘추는 연개소문의 손아귀에서 겨우 빠져나와 당나라에 군대를 요청합니다.

고구려를 두 차례 공격했다가 싸움에 지고 호시탐탐 기회를 엿보던 당나라는 때마침 들어온 신라의 요청이 무척 반가웠습니다. 두 번 생각할 것도 없이 신라의 요구를 받아들여 한강 이남 땅을 찾는 데 도움을 주기로 했지요.

하지만 당나라의 속셈은 따로 있었습니다. 신라에서 당나라 병사들의 식량을 지원해 준다면 삼국을 쉽게 차지할 수 있겠다고 계산한 것이지요. 마침내 660년 삼국 통일 전쟁이 일어납니다. 당나라와 신라 두 나라의 협상이 미리 있었기에 가능했던 일이지요.

고구려 수도 평양성을 무너뜨린 당나라는 많은 고구려 유민들을 자기네 나라 서쪽과 남쪽의 변경 지대로 보냈습니다. 변방의 토지를 개간하거나 다른 종족의 침입을 막는 데 유민들을 활용했지요. 평양성이 함락되었다는 것은 고구려가 망했다는 사실을 뜻합니다. 왕이 살던 궁성을 점령당하면 하나의 왕조는 역사 속으로 사라지는 법이지요. 이제 그 나라 땅에 살던 백성들은 점령한 나라의 지배를 새로 받게 되었지요. 그들 가운데 일부는 유민이 되어 다른 나라로 떠나거나 강제로 다른 지역으로 옮겨 살기도 했습니다.

고구려 사람들의 주된 활동 무대였던 랴오둥(遼東 : 요동)과 대동강 이북 지방은 고구려가 망하자 곧바로 당나라의 손아귀에 들어갔습니다. 당나라는 대동강 이남 땅을 신라에게 주기로 한 약속을 저버리고, 백제와 고구려를 멸망시킨 뒤 고대의 우리 땅 전체를 자기네 영토로 삼으려는 계획을 노골적으로 드러냈습니다. 그들은 곧바로 평양에 군대를 주둔시키고 안동 도호부*라는 기구를 두어 고구려 땅이 마치 자기네 땅인 것처럼 행세하기 시작했습니다.

고구려 부흥 운동이 일어나다

비록 고구려의 마지막 도읍지 평양성이 함락되었으나 씩씩한 고구려 백성들은 좌절하지 않았습니다. 고구려 귀족 검모잠은 귀족과 백성들을 모아 당나라에 맞섰지요. 검모잠은 고구려 왕족 안승을 왕으로 앉히고 신라와도 힘을 합쳐 당나라를 우리 땅에서 몰아내려고 노력했습니다. 이에 고구려 각 지역에서는 신라 주민들과 합세하여 고구려를 다시 세우려는 운동이 거세게 일어납니다.

평양 이남 지역과 예성강 유역 일대는 고구려 부흥군과 신라군이

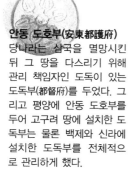

안동 도호부(安東都護府)
당나라는 삼국을 멸망시킨 뒤 그 땅을 다스리기 위해 관리 책임자인 도독이 있는 도독부(都督府)를 두었다. 그리고 평양에 안동 도호부를 두어 고구려 땅에 설치한 도독부는 물론 백제와 신라에 설치한 도독부를 전체적으로 관리하게 했다.

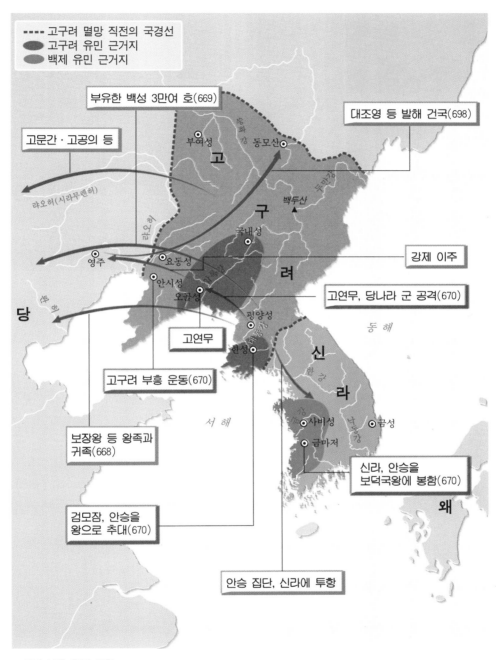

고구려 멸망 직전의 국경선
고구려 유민 근거지
백제 유민 근거지

부유한 백성 3만여 호(669)

대조영 등 발해 건국(698)

고문간 · 고공의 등

라오허(시라무렌허)

부여성

동모산

고 구 려

백두산

국내성

강제 이주

영주

요동성

고연무, 당나라 군 공격(670)

당

안시성

오골성

평양성

고연무

한성

신 라

동 해

고구려 부흥 운동(670)

보장왕 등 왕족과
귀족(668)

서 해

사비성

금성

금마저

신라, 안승을
보덕국왕에 봉함(670)

검모잠, 안승을
왕으로 추대(670)

왜

안승 집단, 신라에 투항

고구려 부흥 운동 상황

경기도 연천 호로고로성
고구려가 한강을 넘어 남쪽 나라 백제, 신라로 진출하기 위해 쌓은 군사용 보루(堡壘:적의 접근을 막기 위해 돌, 흙 등으로 쌓은 구축물)성이다.

당나라 군대에 맞서 싸우는 주된 전쟁 무대가 되었습니다. 673년 호로하(지금의 파주시 일대를 흐르는 임진강으로 추정) 전투에서는 고구려 부흥군이 당나라 군과 치열한 전투 끝에 패한 뒤 신라로 넘어갔고, 평양 일대의 많은 주민들도 함께 신라로 건너갔습니다. 이제 평양 일대는 점점 폐허로 변해 갔습니다.

우리 땅에서 당나라 세력을 완전히 몰아낸 676년 이후 옛 고구려 영토는 몇 갈래로 나누어집니다. 대동강 남쪽 지역은 신라로, 랴오둥 지역은 당나라 영토로 포함되었지요. 그러나 주민들의 저항이 만만치 않자 당나라는 먼저 붙잡아 간 고구려 마지막 왕 보장왕에게 랴오둥 땅의 책임자(도독)인 '고려조선군왕'이라는 직책을 주어 고구려 유민의 저항을 잠재우려 합니다(677년). 하지만 보장왕은 역시 고구려 왕이었지요. 그는 당나라의 정책대로 움직이지 않고, 오히려 고구려 유민과 함께 살던 말갈 사람들을 포섭하여 당나라에 저항했습니다.

움찔한 당나라는 저항하는 고구려 유민을 억누르기 위해 처음에
는 무력을 사용했습니다. 그러나 별 효과를 거두지 못하자 다른 방
법을 생각해야 했지요. 고구려 유민들의 요구를 들어 주는 척하면서
더욱 철저히 감시하는 방법을 택한 것입니다. 당나라는 안동 도호부
를 폐지하고(698년), 그 이듬해에는 보장왕의 아들 고덕무를 다시 랴
오둥 책임자로 임명하여 그들의 저항을 가라앉히려 합니다.

그런데 고덕무는 아버지 뒤를 이어 당나라의 간섭을 떨쳐 버리고
새롭게 힘을 키웁니다. 그것이 역사상 '작은 고구려'라는 뜻의 소고
구려국(小高句麗國)입니다.

대조영이 등장하다

당나라가 다스리던 랴오시(遼西 : 요서) 지역 영주〔오늘날 차오양(朝陽 :
조양)〕 땅에는 하루하루 힘겹게 살고 있는 대조영이라는 사람이 있었
습니다. 말갈 사람 걸걸중상의 아들로 태어나 말갈 혈통을 이어받았
으면서도 고구려 장수였던 사람이지요.

중국 문헌을 보면 대조영 집단은 본디 속말말갈족이었다고 합니
다. 대조영이 말갈족* 핏줄을 이어받았기 때문에 신라의 최고 문장
가 최치원은, "발해의 원류를 따져 보면 본디 속말말갈족의 무리였
으니, 처음에 혹처럼 아주 조그만 집단이었다가 마침내 번성하게 되
었다"고 했습니다.

그런데 우리는 대조영을 고구려 장수로 부릅니다. 왜일까요? 기록

말갈족
역사상 7~10세기 즈음, 만
주 동북 지역(현재 헤이룽장
성과 지린 성 일대)에 살았던
종족 집단으로, 살고 있는
지역에 따라 7개의 부(部)가
있었다. 속말수(현재 쑹화 강)
유역에 살았던 말갈족을 속
말말갈이라 불렀다.

차오양(영주) 시 주변 산지
대조영이 살던 다링허 강가
의 영주 지역. 주변에 낮은
구릉이 펼쳐져 있고, 그 사
이에 동호 계통의 주민들이
살았다.

《신라고기》
고려 후기 충렬왕 때 승려
일연이 쓴 《삼국유사》에 나
오는 신라 때의 옛 책이다.
지금은 이름만 전하며, 그
내용은 알 수 없다.

이 잘못된 것일까요? 아닙니다. 그 이유는 대조영 집단의 거주 지역
이 바뀐 사실을 알아야만 풀 수 있습니다.

　많지 않지만 몇몇 기록을 종합해 보면, 대조영 집단은 원래 속말수
(현재 쑹화 강) 유역에 살았습니다. 그러다가 6세기 말 즈음 고구려 땅
으로 옮겨 와 정착한 것으로 보입니다. 이들은 말갈 추장의 지위를
그대로 지니면서 고구려를 도와 전쟁이나 군사 활동에 참여했습니
다. 그러는 사이에 대조영 집단은 서서히 고구려 사회에 동화되면서
순수한 말갈족이 아닌 다른 집단으로 변화한 것이지요. 《신라고기》*
에 대조영이 고구려 장수라고 기록된 것도 이 때문입니다.

　그러면 대조영은 고구려 땅에서 언제 활동했을까요? 문헌에는 대
조영이 719년에 죽었다는 사실만 기록되어 있습니다. 대조영이 죽
은 해부터 따지면 발해 건국은 21년 전이 되고, 고구려 멸망은 51년
전이 됩니다. 만일 대조영이 70대의 나이에 죽었다고 가정하면 발해

발해 투구
왼쪽은 함남 신포시 오매리에
서, 오른쪽은 상경성에서 출
토했다.

건국시에는 50대, 고구려 멸망시에는 20대였겠군요. 결국 대조영이
고구려 장수로 활약하던 때는 아주 젊은 20대 전후로 보입니다. 대
조영은 다른 말갈 장수들처럼 날래고 용감하며 병장기를 잘 다루었
다고 합니다. 그는 이러한 재능을 고구려 군사 전쟁, 특히 당나라와
의 싸움에서 두드러지게 발휘했겠지요. 말갈 사람 대조영은 이렇게
선진화된 고구려 문화를 배우면서 젊은 시절을 보낸 것입니다.

대조영과 그의 아버지 걸걸중상은 고구려와 운명을 함께했습니
다. 668년 평양성이 함락된 뒤에도 고구려 유민을 중심으로 저항이
계속되자, 당나라는 이듬해에 반란 가능성이 많은 대조영과 그의
아버지 걸걸중상을 당나라로 끌고 가 랴오시 지방의 다링허(大凌
河:대릉하) 강가에 있는 영주에 정착시킵니다. 대조영 집단이 옮겨
가 살던 영주 일대는 5세기 이래 중국 세력이 동북 지방으로 진출하
는 관문이었고, 동북 아시아 여러 종족들의 교역 중심지였지요. 당

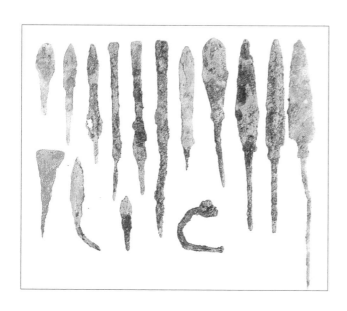

나라는 자신들의 통제 속에 흡수된 종족들에게 주(州)를 두고 살게 했는데, 지리적 위치 때문에 영주 일대에는 많은 당나라 주가 만들어졌습니다.

고구려가 망한 뒤 당나라가 만주 지방 전체를 장악하면서 많은 고구려 사람과 말갈족, 그리고 거란족도 이 곳으로 옮겨 와 생활하게 되었습니다. 당나라는 그 곳에 군대를 두고 중국 북방에 있던 여러 종족을 통제했지요.

영주 땅에는 여러 종족이 살았기 때문에 성향이 다양했으며, 그만큼 당나라의 압력이 덜 미쳤습니다. 주위에는 문화 수준이 낮은 종족들이 많이 살았지요. 이런 환경은 이 곳에 강제로 옮겨 온 고구려 사람들이 그들만의 독자성과 결속을 다지는 데 유리했습니다. 게다가 머나먼 이국 땅에서 유민 생활을 한다는 같은 처지 때문에, 고구려와 말갈 사람들 사이에는 서로 이해하고 화합하는 동류 의식이 생겼을 것입니다.

696년 5월, 영주에서 당나라에게 설움을 받으며 울분을 달래던 소수 민족들이 마침내 반기를 들었습니다. 반란에 불을 당긴 집단은 거란족이었습니다. 이진충과 그의 처남 손만영이 영주 지역 책임자 조문훼가 세금을 무리하게 거두어 가자 그를 죽이고 반란을 일으켰지요. 영주 일대는 큰 혼란에 빠졌고, 걸걸중상과 대조영은 지금이야말로 자신들이 생각하던 바를 실천으로 옮길 때라고 생각했습니다. 고

차오양(영주) 시 전경

구려 땅에 있을 때 함께 군사 활동을 하던 사람들을 중심으로 새로운 나라를 세우겠다고 결심한 것이지요. 걸걸중상과 대조영은 마침내 자신을 따르던 고구려와 말갈 사람들을 이끌고 반란을 일으킵니다. 이들은 먼저 만주 동쪽 지방으로 이동하여 세력을 키웁니다.

당나라에서는 이들에게 관직과 작위를 주어 달래 보려 했지만, 이미 새 나라 건설을 꿈꾸는 이들의 발길을 막을 수는 없었습니다. 그러자 당나라 여걸 측천무후(則天武后)는 대대적으로 원정군을 보내 대조영과 주위에 살던 많은 종족 집단을 공격합니다. 하지만 거란과 말갈, 고구려 유민들의 잇따른 반란으로 어려움에 부딪힙니다. 1년 뒤 당나라는 내몽골 지역에 살던 돌궐 집단과 함께 다시 힘을 발휘합니다. 돌궐은 정예 부대를 동원하여 거란의 후방인 영주 서북 지방부터 진격하여 거란을 뒤흔듭니다. 그리하여 이진충에 의해 잠시 독자적인 힘을 가졌던 거란족은 다시 세력을 잃고 맙니다.

아! 그렇구나 만주(滿洲)라는 말의 기원

'만주'라는 말은 청나라 초기에 등장했다. 만주 땅은 남북 길이가 1600여 킬로미터, 동서 길이가 1400여 킬로미터로 전체 면적이 224만 평방킬로미터에 이르는, 한반도 전체 면적의 다섯 배가 넘는 광대한 곳이다. 현재 만주에는 1억이 넘는 사람들이 살고 있는데, 여기에는 만주족이나 조선족을

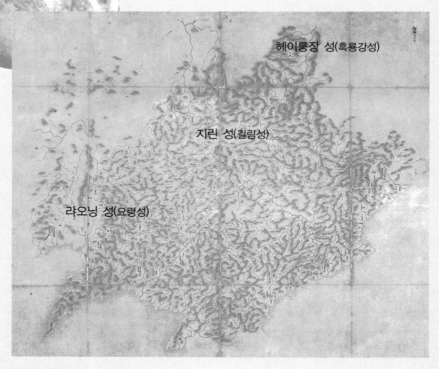

과거의 만주를 알 수 있는 고지도

비롯하여 몽골 족, 혜젠 족, 에벤키 족 등 여러 소수 민족이 포함되어 있다.

본디 '만주'는 청나라를 세운 여진족을 만주족이라 부르면서 생겨났다(3권 고구려 편 참고). 그리고 때로는 '만주 지방'이라는 지역 이름으로도 사용되고 있다.

또한 '만주'라는 명칭은 과거 일본 사람들이 만주국을 세우면서, 만주는 중국 역사와 별개의 지역임을 내세울 때 많이 사용했다. 만주는 중국 입장에서 보면 동쪽 지방에 해당하고, 우리 나라 입장에서 보면 북쪽 땅에 해당한다. 일본은 바로 이 지역을 차지하려고 먼저 만주에 대한 조사를 시작했고, 만주는 구석기 시대부터 중국 역사와는 별도로 독자적인 역사를 가진 곳이라고 주장했다. 이러한 사실을 알기 때문에 현재 중국인들은 '만주'라는 말 대신 '중국 동북 지방'이라는 용어를 쓴다.

중국 사람들은 행정 구역상 현재 동북 3성, 곧 랴오닝 성(遼寧省:요령성)·지린 성(吉林省:길림성)·헤이룽장 성(黑龍江省:흑룡강성)을 합해서 '동북 3성' 또는 '중국 동북 지방'이라 부른다.

그러면 우리는 만주를 어떻게 불러야 할까? 역사적으로 생겨난 '만주'라는 말을 그냥 써야 할 것이다. 우리 역사에서 만주는 결코 '동북 지방'일 수 없으며, 우리 입장에서 만주는 분명 '북방'이기 때문이다.

동모산에 새 나라 깃발을 꽂다

천문령 전투와 진국 건설

거란 세력을 진압한 당나라는 동쪽으로 많은 군사를 보내 고구려 유민과 말갈 사람들을 진압하려 합니다. 언제나 주변의 다른 민족이 반란을 일으키면 또 다른 민족을 시켜서 싸우게 했던 것처럼, 이 때에도 당나라는 거란 출신 장수 이해고를 보내 싸우게 했습니다. 다른 민족끼리 이간질시키고 자신들은 절대로 손해 보지 않으려는 방법, 곧 이이제이* 수법을 쓴 것이지요.

이해고 군대는 처음에 걸사비우가 이끄는 말갈 부대와 맞섰습니다. 걸사비우가 이끄는 말갈 사람(44쪽 참고)들은 힘이 부족한데도 당나라 군과 정면으로 충돌하여 곧 격파되었습니다. 이해고는 승리의 기세를 몰아 고구려 유민들을 쫓기 시작했지요. 고구려 유민을 이끈 장수는 고구려 장수였던 대조영과 그의 아버지 걸걸중상이었습니다.

싸움 초반에 대조영은 이해고가 이끄는 당나라 군대에 비해 힘이 달린다는 사실을 재빨리 알아차렸습니다. 대조영은 일단 지금의 랴오닝 성과 지린 성 경계에 있던 천문령 고개로 피신했지요. 그리고 정면 충돌을 피하면서 이미 흩어진 걸사비우를 따르는 말갈 사람들을 모아 전열을 보강했습니다.

이 무렵 아버지 걸걸중상이 병으로 죽자, 대조영은 걸사비우와 걸걸중상 두 집단을 모두 장악하여 지도자 자리에 오릅니다. 곧바로

이이제이(以夷制夷)
중국에서 전통적으로 사용한 전쟁 방법의 하나로, 중국 주변의 나라나 민족을 시켜 다른 나라, 다른 민족을 공격하는 것을 말한다. 이 의미를 이제는 폭넓게 해석하여 다른 민족 출신 장수가 주변 나라를 공격하는 것도 이이제이에 포함시킨다.

흩어진 말갈 군사를 다시 모으는 한편, 당나라 군대를 유인하여 격퇴할 전략을 세웠습니다. 험준한 고개에 미리 군대를 매복시켜 당나라 군대를 몰살시킨다는 전략이었지요. 예상대로 당나라 군대가 고구려 군사가 숨어 있는 지점에 도착하자, 고구려 군사는 일제히 몰려나와 공격했습니다. 당군은 혼비백산하여 도망쳤고, 장수 이해고도 겨우 목숨만 건져 달아났지요. 이것이 유명한 '천문령 전투'입니다. 대조영은 용병술(군사를 부리는 기술)에도 빼어났나 봅니다.

대조영은 자신들을 추격해 오는 당나라 군사를 천문령 고개에서 크게 물리친 뒤, 마침내 동쪽의 동모산〔지금의 둔화(敦化 : 돈화) 시〕에 도읍을 정하고 새 나라의 깃발을 꽂습니다. 그리고 나라 이름을 '진국(振國 또는 震國)'이라 불렀지요. 진국(振國)이란 '위세가 사방에 떨쳐질 큰 나라'라는 뜻으로, 앞으로 나라를 세상에 크게 떨쳐 보이겠다는 대조영의 포부를 담은 것이지요. 또 '동방의 나라'라는 뜻을 가진 '진국(震國)'을 사용하기도 했습니다.

새로운 나라의 왕이 된 대조영은 자신의 성을 대(大)씨로 불렀습니다. 크고 위대한 나라를 세우겠다는 표시였지요. 대씨는 '높고 위대하다'는 고구려 고(高)씨의 뜻과도 통합니다. 하나의 왕조를 세운 인물의 성씨가 이전 왕조의 성씨와 서로 통한다면, 나라를 세운 집단이 서로 연결될 가능성이 높다고 할 수 있지요. 대조영은 동모산에서 나라를 세운 뒤 하늘에 제사를 올려 건국 사실을 알렸습니다.

당나라 이해고 군대를 물리친 천문령 전투

남쪽 성산자 마을에서 본 동모산 전경

당나라 군대의 추격을 물리친 대조영 집단은 처음으로 이 곳에 나라(진국)를 세웠다. 산 위에 성터가 남아 있어 성산자산성이라고 부른다.

대조영은 왜 2000리나 떨어진 곳에 나라를 세웠을까

나라를 세운 지 어느덧 한 달, 대조영은 동모산에 올라 자신이 세운 나라의 땅을 내려다보았습니다. 쌀과 조를 섞어 밥을 짓는 아낙네, 골목에서 뛰노는 아이들, 호랑이 가죽을 말리는 용감한 장수의 모습들이 눈앞에 보였습니다. 대조영은 이제 천문령 고개를 넘을 때의 고생은 잊어버리고 저들과 함께 강한 나라를 만들겠다는 각오를 다졌습니다.

앞으로 여러분에게 기회가 온다면, 동모산 정상에 올라 그 옛날 발해 사람들의 생활 모습을 상상해 보세요. 동모산을 꿈에 안고 살았을 그들이 시간을 뛰어넘어 와 여러분을 반길 것입니다. 그러나 지금 동모산은 중국 관리자들이 지키고 있어 쉽게 가기 어렵습니다. 게다가 산성 모습은 찾아볼 수 없게 되었지요. 이 곳 주민들이

집을 짓기 위해 산성을 허물고 돌을 가져가 버렸기 때문입니다.

　대조영은 동모산에 성을 쌓고 어느 정도 머물다가 다시 평지에 성을 쌓고 내려왔습니다. 동모산과 둔화 벌판, 이 곳이 바로 문헌 기록에 나오는 '옛 나라의 터전'입니다.

　대조영이 영주에서 2000리 길을 달려와 정착한 발해의 근거지 동모산. 하지만 1940년대까지만 해도 동모산은 역사 속의 지명으로만 알려져 있었습니다. 위치가 정확하지 않았거든요. 그런데 1949년 둔화 시 근처 육정산에서 발해의 세 번째 임금 문왕의 둘째 딸 정혜 공주 무덤이 발견되었습니다. 이를 토대로 이 곳이 발해 초창기 왕실과 귀족들의 무덤 터였을 거라는 추측이 나왔지요. 얼마 뒤, 몇몇 중국 학자들은 연구를 거듭하여 중국 둔화 시가 바로 발해의 첫 도읍지라는 결론을 내렸습니다.

동모산 정상에서 바라본 둔화 벌판과 영승 유적
동모산에서 동쪽으로 5킬로미터 떨어진 곳에 위치한 발해 '옛 나라의 터전'이 이 곳이다. 북동쪽으로 3킬로미터 떨어진 곳에 있는 육정산 고분군과 함께 짝을 이룬다. 멀리 보이는 강이 무단 강(목단강)이고, 무단 강 건너 마을이 영승 마을이다.

고구려 유민들은 이 곳에 흙모래와 돌을 섞어 성을 쌓아 올리고 새로운 역사를 이루었습니다. 왜 하필 이 곳에 나라를 세웠을까요? 당나라 군대의 추격을 받던 고구려 유민들은 무엇보다 먼저 방어하기 쉬운 곳을 찾았습니다. 그런데 동모산(성산자산) 주변은 산줄기들이 병풍처럼 둘러서 있고, 쑹화 강으로 흘러 들어가는 무단(牧丹 : 목단)

동모산에 올라 자신이 세운 나라를 내려다보는 대조영

육정산 고분군
둔화 시에 있는 육정산은 멀리서 보면 산 모양이 여섯 봉우리를 이뤄 붙여진 이름이다. 육정산에는 무덤떼가 있는데, 크게 두 구역으로 나뉜다. 1구역에는 왕실과 귀족들이, 2구역에는 1구역보다 낮은 계층의 사람들 무덤이 있다. 이 가운데 1구역에서 정혜 공주 무덤이 발견되었다.

강이 흘렀으니 천혜의 요새라고 보았지요.

이처럼 평평한 곳도 아니고 생활하기 불편한 산 위에 첫 보금자리를 잡은 이유는 주변 적들의 공격을 방어하기 위해서입니다. 당나라의 추격을 힘들게 물리친 터라 대조영은 당나라 군대나 주변 종족들의 공격에 두려움을 많이 느꼈던 모양이에요. 그래서 도읍을 정하면서 방어하기 유리한 곳을 첫째 조건으로 꼽은 것입니다.

진국에서 발해로

대조영이 세운 나라의 이름은 처음에 진국이었습니다. 당시 만주 동쪽 주변에서는 고구려가 망한 뒤 당나라에 대한 저항 운동이 격렬히

아! 그렇구나 고구려 전통을 따른 발해 초기 도성

발해 초기 도읍지에서 눈에 띄는 사실이 하나 있다. 바로 발해 도성이 평지성과 산성으로 이루어졌다는 점이다. 그것이 무슨 눈에 띄는 사실일까? 《아! 그렇구나 우리 역사》 3권(고구려 편)을 읽었다면, 고구려가 도읍을 옮길 때마다 도성을 평지성과 산성을 결합해서 일구었음을 기억할 것이다.

발해의 도성도 지안 시에 있는 환도산성과 국내성처럼, 성산자산성(동모산)과 둔화 벌판의 영승 유적이라는 산성과 평지성을 결합한 방어 체계를 보여 준다. 그러다가 8세기 중반 들어 당나라 문화를 적극 받아들이면서 장안성을 모방한 평지성 형태의 방어 체계로 바뀐다. 도성 하나만 보아도 발해가 고구려 전통을 따르려고 했음을 분명히 알 수 있다.

일어났기 때문에 그 일대에까지 당나라의 힘이 미치지 못했습니다. 그렇다고 막강한 힘을 가진 다른 정치 집단이 있었던 것도 아니었습니다. 이러한 힘의 공백 상태에서 고구려 유민과 말갈 사람들이 각 지역에 흩어져 살았던 것입니다. 자연히 이들은 대조영이 세운 진국에 빠른 속도로 통합되었지요. 이러한 사실에 크게 위협을 느낀 당나라는 진국 세력이 랴오둥 지역에까지 뻗어 나가는 걸 막아야 했습니다.

결국 당나라는 앞서 랴오둥 지역 책임자로 임명한 적 있는 고덕무를 지원하여 진국의 세력 확대를 막아 보려 합니다. 그러나 진국은 급속히 세력을 키워 대조영이 왕위에 있을 때 이미 랴오둥 일대를 제외한 옛 고구려 영토 대부분을 차지합니다.

이렇게 되자 당나라도 진국을 하나의 나라로 인정해야 했습니다. 곧바로 당나라는 대조영을 '발해 군왕(渤海郡王)'에 임명하는 문서를 내립니다. 고대 사회에서 중국의 주변 나라는 나라 이름을 바꾸거나 높은 관리를 임명할 때 중국 황제에게 형식적인 인정을 받아야 했습니다. 실제로 중국의 지배를 받지 않는데도 해마다 사신을 보내는 등 예의를 갖춤으로써 동아시아 국제 사회가 안정될 수 있었지요.

713년, 대조영은 나라 이름을 '발해국(渤海國)'으로 고칩니다. 발해(渤海)는 일찍부터 중국 동북 지방의 바다를 부르던 이름이었고, 중국에서 자신을 '발해 군왕'이라 불렀기 때문에 붙인 이름이지요. 그런데 당나라에서 준 발해 군왕이라는 이름은 실제로 발해 바다까지 와서 통치하라는 뜻이 아니고 단순한 명예로 붙여 준 것입니다. 하지만 발해 입장에서는 다르게 생각할 수 있었겠지요? 고구려가 그랬던 것처럼 멀리 서남쪽 발해 연안까지 나라 힘이 미치기를 희망하는 뜻이 담긴 이름이라고요.

발해를 세운 사람들

발해 지배층의 성씨

발해 땅에는 고구려 사람들과 말갈족말고도 여러 소수 민족이 섞여 살았습니다. 발해 주민은 여러 계통의 종족들로 구성되었는데, 그 가운데 고구려계와 말갈계 주민이 많은 수를 차지했습니다. 건국을 주도한 집단도 그러했지요. 그런데 말갈계 사람과 고구려계 사람 중 어느 종족이 발해를 이끌어 가는 주인공 구실을 했을까요?

문헌에는 영주에서 동모산 지역으로 이동한 집단으로 걸걸중상과 대조영 집단(고구려계 집단), 걸사비우 집단(말갈계 집단) 등이 기록되어 있습니다. 발해 건국은 이렇게 만주 동부 지역으로 이동해 온 집단들이 중심이 되면서 본디부터 만주 지역에 살고 있던 말갈족, 고구려 유민들이 참여해 이루어졌습니다. 따라서 발해가 건국된 뒤 지배 계층으로 들어간 사람들 대부분은 바로 대조영과 함께 영주에서 옮겨 온 무리였지요.

발해 사람들 가운데 성(姓)이 있는 사람은 아주 적었습니다. 왕의 성은 물론 대(大)씨였고, 유력한 귀족들의 성으로는 고(高)·장(張)·양(楊)·하(賀)·오(烏)·이(李)씨 등 몇 가지에 불과했습니다. 그 밖에 일반 귀족의 성으로 49개 정도가 확인됩니다. 이 가운데 신라 계통 사람으로 보이는 박(朴)씨·최(崔)씨가 있고, 말갈 계통으로 보이는 성들도 있습니다.

지금까지 발해 사람 또는 발해 유민으로 이름이 알려진 사람은 모두 380여 명입니다. 이 가운데 왕족인 대씨가 117명으로 가장 많고, 다음으로 고씨 63명, 왕씨 30명, 장씨 20명, 양씨 8명, 하씨 4명, 오씨 13명, 이씨가 21명입니다. 앞에서 말했듯이 대씨는 고씨와 그 뜻이 통하기 때문에 고구려계 인물로 볼 수 있고, 고씨는 고구려 왕성으로 대부분 고구려 계통 사람임이 틀림없습니다. 고씨 가운데 일부 말갈 계통 인물이 포함되어 있지만 아주 적은 수에 불과하지요.

현재 알려진 지배층만 분석하면 대씨와 고씨가 전체에서 거의 절반을 차지하는군요. 발해 고씨는 대부분 고구려 고주몽의 자손들입니다. 발해의 상류층인 왕족과 유력한 귀족 가운데 고구려 계통 인물이 차지한 비율이 절대적임을 알 수 있습니다. 그렇다면 영주 지역에서 만주 동쪽으로 이동해 온 무리 가운데 지배층 다수가 고구려 계통이라고 보아도 무리는 아니겠지요?

주민은 어떻게 이루어졌나

발해 시대에 사용한 그릇이 두 점 있습니다(오른쪽 사진 ❷와 ❸). 그런데 같은 나라에서 사용한 그릇치고는 생김새가 무척 다릅니다. 그 이유를 알아볼까요? 먼저 나팔 모양의 그릇은 지배층만 사용할 수 있었습니다. 지배층은 입이 크게 벌어지고 가로띠 모양의 손잡이가 두 개 또는 네 개 달린 나팔 모양 단지를 사용했습니다. 이것은 고구려 지배층이 사용한 그릇과 매우 비슷하기 때문에 흔히 '고구려식 단지'라고 부릅니다. 이 그릇은 물레를 사용해서 만들었고, 그릇을 굽는 온도도 매우 높았습니다.

이것과 다르게 몸통이 홀쭉하고, 어깨나 입술 부근에 톱니 모양의 덧무늬 줄이 있거나 입술이 두 겹으로 된 그릇은 일반 백성이 살던 집자리에서 나온 것입니다. 주로 말갈족이 쓰던 그릇으로, 손으로 직접 빚었고 굽는 온도가 낮아서 잘 깨졌습니다.

그릇은 실생활에 사용하는 도구이므로, 그릇 모양이 다르다면 그것을 사용한 주민 계통도 달랐을 가능성이 높습니다. 이제 발해 사람들이 사용한 그릇이 차이 나는 이유를 알겠지요? 바로 발해에는 서로 다른 두 계통, 곧 고구려와 말갈 사람들이 섞여 살았기 때문입니다.

❶ 고구려 토기   ❷ 발해 토기   ❸ 말갈 토기

발해는 고구려의 옛 터에 자리잡고 있다. ……그 백성은 말갈인이 많고 토인(土人)이 적으며, 촌장은 모두 토인이 맡았다.

위 글은 8세기 전반 일본의 고대 역사서인 《유취국사(類聚國史)》에 나오는 내용으로 발해를 방문한 일본 사신이 기록한 것입니다. 여기서 토인은 본디부터 그 지역에 살던 사람, 곧 말갈과는 종족이 다른 고구려 계통 주민을 의미합니다. 발해 왕은 일본 등 외국에 문서를 보낼 때 발해를 '고려(고구려)', 발해 왕을 '고려 국왕(고구려 국왕)'으로 지칭했습니다. 일본에서도 일본에 온 발해 사람을 고려 사람으로 표현하기도 했지요. 반면 발해 사람이 스스로 말갈족이라고 표현한 흔적은 어디에서도 보이지 않습니다.

이러한 사실을 볼 때, 발해 주민을 지배 계층인 고구려 계통 주민과 지배를 받는 계층(피지배 계층)인 말갈계 주민으로 나누어 보는 것이 마땅하겠지요.

10세기 초 발해가 망한 뒤 거란족이 중심이 되어 세운 요(遼)나라는 옛 발해의 주민들을 각각 '발해인'과 '여진인(女眞人)'으로 나누어 지배했습니다. 여기서 여진인은 말갈족의 후예이고, 발해인은 주로 고구려계 주민의 후예입니다.

발해인과 여진인은 생활 모습이 상당히 달랐습니다. 여진인은 주로 부족이나 마을 단위로 생활했습니다. 마을 공동체 사람들끼리 자율적으로 생활을 꾸려 나가는 경우가 많았지요. 이에 비해 발해인은 이미 사람들 간에 신분 차이가 뚜렷했고, 사회 분화가 깊게 이루어져 지방 관리의 통제를 받았습니다. 발해 사람은 한(漢)나라 사람과 똑같이 주(州)와 현(縣)으로 나뉘어 한나라 법에 따라 거란족이 세운 요나라 지방 관리의 통치를 직접 받았습니다.

이렇게 볼 때 발해는 고구려 계통 사람들이 토박이이자 중심이 되고, 여기에 말갈족이 합류하여 세워진 나라라고 할 수 있습니다. 발해가 망한 뒤 그 유민의 일부가 고려로 넘어왔고, 고려 왕조를 계승한 조선 시대 실학자들이 발해를 우리 역사의 일부로 여긴 사실을 주목할 때, 발해는 분명 우리 한국사의 한 부분을 이루는 중요한 나라임을 알 수 있습니다.

아! 그렇구나 말갈 사람들

말갈족은 본디 만주에 살던 종족 집단으로 우리 민족의 조상인 예맥족과 매우 친한 사람들이다. 처음에는 '숙신족'이라 했는데, 나중에 '읍루족·물길족'으로 불리다가 '말갈'이라는 이름을 얻었다. 발해가 망한 뒤에는 거란 밑으로 들어가면서 '여진족'이라 불린다. 여진족은 금나라를 세우는데, 이들은 나중에 '만주족'으로 바뀌고 이들이 다시 세운 나라가 청나라이다.

말갈 사람의 생김새는 이렇다. 키는 크지 않고, 머리 모양은 우리 조상들과 비슷한 단두(短頭) 또는 중두(中頭)이고, 코는 작고 낮으며 광대뼈가 솟았다. 《아! 그렇구나 우리 역사》 1권을 잘 읽었다면, 우리 조상의 머리 모습이 앞뒤 길이가 좌우 너비에 비해 짧은 단두라는 사실을 기억할 것이다. 또 말갈 사람의 눈과 머리카락은 검거나 어두운 색이고 곧은 직모(直毛)이며, 수염과 몸의 털은 적었다. 피부는 누런빛을 띠나 비교적 흰 편이다. 이런 특징은 우리 조상의 신체 특징과 큰 차이가 없다.

속말수(쑹화 강) 유역에서 세력을 키우던 말갈 사람들은 주변 상황에 따라 때로는 고구려에, 때로는 중국에 흘러 들어갔다. 말갈족은 숲 속에서 농사와 유목 활동으로 살아가던 민족으로, 고구려나 중국에서 모두 환영받았다. 용감하고 날래서 군인으로 나서면 싸움을 잘했기 때문이다.

말갈 사람들은 일찍이 우리 민족과 이웃해 살았기 때문인지 고구려와 사이가 나쁘지 않았다. 반면 당나라에는 예부터 불만이 많았다. 이역만리 영주 지방에 끌려와 힘겨운 생활을 하던 고구려 유민과 말갈 사람들은 서로 힘을 합쳐 당나라에 저항하고 새로운 생활을 계획한다. 때문에 이 두 종족이 힘을 합쳐 세운 발해는 고구려 사람들만의 나라는 아니었다.

당시 중국에서 크게 활약한 말갈족 인물로는 돌지계와 그의 아들 이근행이 있다. 이근행은 삼국 멸망 뒤 그 백성들의 부흥 운동을 진압하는 당나라 장수로 파견되기도 한다.

말갈 사람 가운데 일부는 고구려에 흡수되어 고구려 군대에서 중요한 구실을 한다. 특히 고구려 사람들이 당나라 통제에서 탈출할 때 말갈족도 함께 고난을 겪었고, 그래서 발해의 중요한 일부가 되었다. 대표적으로 대조영과 그의 아버지 걸걸중상도 말갈 출신이다.

말갈 사람의 모습

대조영은 말갈 사람인가, 고구려 사람인가?

대조영에 대한 연구는 일찍부터 있어 왔지만 아직 많은 사실을 알지 못한다. 특히 그가 말갈 계통인지, 아니면 고구려 계통 사람인지에 관한 문제는 아직까지 해결되지 않고 있다. 그의 출신에 대해 중국의 중요한 기록들이 각기 다른 내용을 담았거나 애매하게 기록했기 때문이다.

발해가 있던 시대에 중국에는 당나라가 있었다. 당나라는 나라가 매우 번성하여 많은 문화 유산을 남겼고 주변 나라에도 큰 영향력을 행사했다. 때문에 당나라 역사는 한 권의 책이 아니라 여러 권의 책에 소개되었다. 특히 발해 역사는 《구당서》와 《신당서》에 조금 자세히 나온다. 《구당서》와 《신당서》의 내용은 많은 부분이 비슷하지만 다른 점도 꽤 있다. 대조영과 발해에 대한 내용도 두 책이 서로 달라 혼동을 준다.

《구당서》는 대조영을 "본디 고구려의 별종"이라 하여 고구려 사람으로 서술했다. 물론 확실하게 고구려 사람이라 하지 않고, '별종'이라는 말로 여운을 남겼다. 별종은 우리가 흔히 '별종 같은 놈'이라고 하듯이, 고구려 사람이기는 하나 원래 집단에서 떨어져 나온 종족이라는 해석이 맞을 것 같다. 그렇다면 대조영은 점점 고구려화한 말갈 사람 걸사비우보다 고구려 사람에 가까운 모습을 지녔다고 볼 수 있겠다.

《신당서》에는 '대조영은 본디 속말말갈 사람인데 고구려에 붙은 사람이다"라고 하여 속말말갈 사람이라고 적혀 있다. 때문에 중국 학자들은 모두 《신당서》의 기록을 중요시한다. 그러나 자세히 보면 《구당서》와 《신당서》의 내용이 다르지 않음을 알 수 있다. 모두 대조영이 순수한 말갈 사람도 순수한 고구려 사람도

渤海靺鞨大祚榮者本高麗別種也高麗既滅祚榮率
家屬徙居營州萬歲通天年契丹李盡忠反叛祚榮與
靺鞨乞四比羽各領亡命東奔保阻以自固盡忠既死
則天命右玉鈐衞大將軍李楷固率兵討其餘黨先破
斬乞四比羽又度天門嶺以迫祚榮祚榮合高麗靺鞨
之衆以拒楷固王師大敗楷固脫身而還屬契丹及奚
盡降突厥道路阻絕則天不能討祚榮遂率其衆東保
桂婁之故地據東牟山築城以居之祚榮驍勇善用兵
靺鞨之衆及高麗餘燼稍稍歸之聖曆中自立爲振國
王遣使通于突厥其地在營州之東二千里南與新羅
相接越憙靺鞨東北至黑水靺鞨地方二千里編戶十
餘萬勝兵數萬人風俗與高麗及契丹同頗有文字及
書記中宗卽位遣侍御史張行岌往招慰之祚榮遣子
入侍將加冊立會契丹與突厥連歲寇邊使命不達睿
宗先天二年遣郎將崔訢往冊拜祚榮爲左驍衞員外
大將軍渤海郡王仍以其所統爲忽汗州加授忽汗州
都督自是每歲遣使朝貢開元七年祚榮死玄宗遣使
弔祭乃冊立其嫡子桂婁郡王大武藝襲父爲左驍衞
大將軍渤海郡王忽汗州都督十四年黑水靺鞨遣使

乾隆四年校刊　舊唐書　一百九九下　列傳　九

구당서 당나라 역사에 관한 가장 기본적인 책은 오대(五代) 시기 국가에서 펴낸 《구당서》라는 책이다. 이후 구양수가 중심이 되어 8세기 중반 안록산의 난 이후의 내용을 보충하여 다시 정리한 것이 《신당서》이다.

아님을 말하고 있다. 이를 어떻게 해석해야 할까? 앞에서 보았듯이, 대조영은 말갈 혈통을 이어받았지만 고구려에 들어와서 고구려 사람으로 동화되었기 때문에 이렇게 중간적인 인물로 묘사된 게 아닐까?

다시 정리해 보자. 대조영은 말갈 피를 받아 처음에는 속말수(粟末水 : 쑹화 강) 유역에서 살았지만, 젊은 시절 고구려 땅에 들어와 장수로 활약하면서 고구려 문화를 배경으로 성장하여 고구려에 동화된 사람으로 보는 것이 가장 타당하다. 여기에 영주 주변에 살던 말갈족이 합류했고, 이들이 바로 발해 건국의 주된 세력이 된 것이다.

그런데 여기서 한 가지 의문이 생긴다. 대조영은 말갈 피를 이어받았는데 왜 고구려 사람이라고 할까? 본문을 읽다 보면 차차 궁금증이 풀리겠지만, 미리 알아야 할 점은 어떤 사람이 꼭 그 민족의 피를 이어받아야만 그 나라 사람이 되는 것은 아니라는 사실이다. 한 사람의 운명에 국가의 운명이 온통 매달려 있다는 의미에서 그것은 영웅 사관에 불과하다. 현재와 같이 국적(國籍)이 존재하지 않던 당시에 한 인물의 족속 문제를 가리는 데는 그 사람이 어떤 종족, 어떤 나라 사람이라고 생각했는지가 가장 중요하다. 이것을 흔히 귀속 의식(歸屬意識)이라고 하는데, 만일 자기가 한국 사람의 피를 받았지만 미국에 귀화하여 미국 사회를 위해 봉사하고 미국 사람으로 살다가 일생을 마쳤다면, 그 사람은 미국 사람으로 역사에 기록된다.

당나라 때 안록산이라는 인물이 있었다. 그는 당나라 현종과 양귀비의 총애를 받았으나 나중에 반기를 들었다. 그 어머니는 돌궐 출신이고 아버지는 중앙 아시아에 본거지를 둔 소그드 사람이었다. 이런 출신 배경 속에서 안록산은 소수 민족 언어를 여섯 가지나 할 줄 알았고, 이런 환경과 능력 때문에 당나라 현종은 그를 영주에서 중국 북방의 여러 종족들을 다스리는 책임자로 임명했다.

돌지계의 아들 이근행도 말갈 혈통이지만 중국에서 주로 활동했다. 이들은 중국 역사에서 모두 중국인이라고 말한다. 두 사람은 핏줄은 다르지만 당나라에 살면서 그 문화에 섞여 살다가 생을 마감했기 때문에 모두 중국 사람으로 보는 것이다. 바로 이러한 이치를 발해와 대조영에게도 적용하는 게 마땅하지 않을까?

이제는 대조영이 고구려 사람이냐, 말갈 사람이냐 하는 문제보다는 어떠한 문화를 바탕으로 어떠한 방향에서 국가를 이끌었는지를 살펴보는 것이 발해사를 이해하는 데 더욱 중요하다고 하겠다. 그가 비록 말갈 사람이라 할지라도 다분히 고구려적인 배경에서 자랐고, 발해라는 나라를 고구려 사회와 비슷하게 운영해 나갔다면, 발해사는 당연히 고구려 계통의 역사로 보아야 한다. 반대로 그가 고구려 사람이었다 하더라도 고구려와 관계 없는 방향으로 국가를 운영해 나갔다면, 발해사는 고구려, 더 나아가 한국 역사와 관련이 없는 것으로 봐야 한다.

대조영은 말갈 본거지에서 태어나 고구려로 가 살다가 당나라로 끌려갔고, 다시 만주 동모산 지역으로 와서 나라를 세운 인물이다. 비록 말갈의 피를 이어받았지만 고구려 장수로 활약한 대조영은 나라를 세울 당시 이미 고구려에 동화된 인물로 보인다. 때문에 그가 나라를 세울 때 고구려 계통의 고씨들이 신하의 주축을 이룬 것이다.

2

독립된 나라로 우뚝 서다
발해의 국제적 위상

당나라와 맞서면서 성장하다

발해를 세운 대조영은 당나라를 의식하여 돌궐*과 가깝게 지냅니다.
앞으로 일어날지도 모르는 당나라의 공격에 대비하기 위한 외교적
노력의 하나였지요. 발해는 돌궐에 사신을 보내 서로 좋은 관계를
유지하고자 했으며, 돌궐 역시 발해의 움직임을 힘껏 도와 주었습니
다. 반면 당나라는 거란족의 반란을 수습하는 데 바빠 더 이상 발해
에 압력을 가할 수 없었지요.

　이 상황에서 발해는 만주 동쪽 지역의 새로운 구심점으로 떠오릅니
다. 각지에 흩어져 있던 고구려 유민과 여러 말갈 부족들이 발해를 중
심으로 재빨리 통합되었지요. 그러자 그 동안 대조영에게 신경 쓰지
못했던 당나라는 그의 힘을 약화시키려 합니다. 먼저 당나라는 발해

돌궐
돌궐은 나중에 투르크가 되
는 민족으로, 5세기 이후 한
반도 북방 지역에 나타나 유
목 생활을 했다. 중국 및 고
구려와 대립하면서 힘을 떨
친 나라이다.

에 사신을 보내 새 나라 세운 것을 축하하고 서로 친하게 지내자고 구슬립니다. 이에 발해 왕 대조영은 둘째 아들 문예를 답례 사절로 당나라에 보내기도 합니다. 그러나 안타깝게도 발해를 세운 대조영의 활약 모습은 더 이상 알 수가 없습니다. 기록이 없기 때문이지요.

고구려를 이어받아 새로운 나라를 세웠기에 대조영은 고왕(高王)이라 불렸습니다. 새로운 동방의 패자로서 영광된 고구려 역사를 부활시키려던 고왕 대조영이 숨을 거두자(719년), 곧바로 그의 아들 대무예가 왕위에 오릅니다. 그가 바로 무왕(武王)입니다.

무왕은 고왕과 마찬가지로 주로 영토 확장에 몰두했습니다. 그리고 스스로 독자적인 연호 '인안(仁安)'을 사용하면서 나라의 틀을 갖추어 나갔지요. 발해가 무왕 때부터 스스로 연호를 사용했다는 것(98쪽 참고)은 그만큼 중국과 대등한 나라로 성장했음을 뜻합니다.

왕위에 오른 무왕은 영토를 계속 확장해 나갔고, 이 무렵 발해 땅의 기틀을 마련합니다. 무왕은 일본에 보낸 국서(國書, 727년)에서, "무왕 무예는 여러 나라를 관리하고, 외람되게 여러 번국(藩國)을 아우르고, 고구려의 옛 터전을 수복하고 부여의 풍속을 소유하게 되었다"라고 전했습니다. 무왕은 정복 활동을 펼쳐 고구려와 부여 땅 대부분을 차지한 것입니다.

《신당서》〈발해전〉에는 "무예가 서자 영토를 개척하고 확대하여 동북 지방의 여러 민족들이 두려워서 무예에게 신하로서 복종하였다"라고 적혀 있어, 무왕의 영토 확장 사실을 증명해 줍니다.

상황이 이러하니 남만주 동북쪽 방면의 많은 주민 집단들이 발해에 스스로 복속했고, 아래쪽에 있던 신라도 위협을 느껴 강릉 북쪽 지역

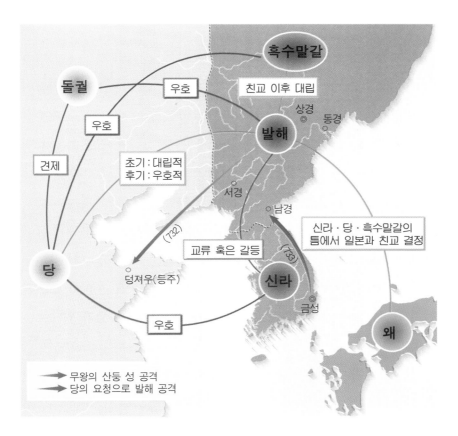

흑수말갈

돌궐

우호

우호

견제

초기 : 대립적
후기 : 우호적

당

덩져우(등주)

(732)

교류 혹은 갈등

친교 이후 대립

상경 ◎   ◎ 동경

발해

서경

남경

신라 · 당 · 흑수말갈의
틈에서 일본과 친교 결정

(733)

신라

금성

왜

우호

→ 무왕의 산둥 성 공격
→ 당의 요청으로 발해 공격

발해 초기 국제 관계와 중국 북방에서 활약한 민족들

흑수말갈

발해는 만주 동쪽 지방에 나라를 세우고 제일 먼저 말갈족이 사는 곳으로 힘을 뻗쳐 나갔다. 당시 말갈족은 일곱 개의 부락으로 나뉘어 있었는데, 그 가운데 가장 북쪽에 살던 족속이 흑수말갈이다. 이 흑수말갈족은 발해의 정복 사업에 강하게 대항했다. 그리하여 발해와 주변 나라 사이에 벌어진 국제 전쟁(730년대) 중간에 흑수말갈이 끼게 된다.

에 장성을 쌓아 혹시 있을지도 모를 발해의 공격에 대비했습니다.

이 때 발해와 당나라 사이에서 홀로 힘을 키우던 흑수말갈*이 있었습니다. 이들은 강성해지는 발해를 크게 두려워하면서도 발해와 평화로운 관계를 깨고 오로지 당나라의 힘을 빌려 자신의 안전을 꾀하려 했습니다. 이러한 흑수말갈을 둘러싸고 발해는 다시 당과 날카롭게 대립하게 됩니다.

우리 역사상 최초의 원정을 승리로

발해가 건국되자 가장 놀란 나라는 어디일까요? 당나라와 신라였습니다. 당나라는 발해에 이웃한 흑수말갈*을 자기 편으로 끌어들여 발해 공격을 준비합니다. 발해 세력이 점점 강해지는 데 두려움을 느낀 흑수말갈이 발해와의 친선 관계를 깨고 당나라에 보호를 요청한 것입니다. 그러자 발해 무왕은 발해를 배신한 흑수말갈을 혼내 주고자 동생 대문예를 총지휘관 삼아 흑수말갈을 공격하려 합니다.

이처럼 8세기 들어 동아시아 정세는 발해에게 무척 불리하게 돌아갑니다. 흑수말갈이 당과 손잡음으로써 발해는 서쪽에는 당나라, 북쪽에는 흑수말갈, 남쪽에는 당나라와 손잡은 신라에 완전히 포위되었지요. 이 삼각 구도를 깨지 않는 한 발해는 존립 자체가 위태로운 상황이었습니다.

이러한 위기 상황을 헤쳐 나가기 위해 발해는 일본과의 연결을 선택합니다. 일본이 뒤쪽에서 신라를 견제하게 한 다음, 당과 흑수말갈의 연합을 깨기 위해 흑수말갈을 공격하는 방법을 택한 것입니다.

그런데 무왕의 동생 대문예는 당나라에 가 있는 동안 당나라의 힘에 눌려 두려움을 느낍니다. 대문예는 "지금 흑수말갈이 당나라의 보호를 받고 있는데, 우리가 만일 흑수를 친다면 그것은 곧 당나라를 반대하는 꼴이 됩니다. 만일 당나라와 사이가 틀어지면 큰 전쟁을 치러야 합니다"라고 주장하며 공격을 반대합니다.

하지만 무왕은 흑수말갈에 대한 공격을 계속 주장했지요. 공격 명령에도 불구하고 대문예가 계속 반대하자 무왕은 그를 파면하고 사촌 형 대일하를 총지휘관으로 임명합니다. 그리고 대문예를 처형하

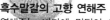

흑수말갈의 고향 연해주
연해주는 바다에 맞닿아 있다고 해서 붙여진 이름이다. 여기에서 흑수말갈이 살았는데, 이들은 지금의 나나이 족 조상 종족이다. 나나이 족은 쑹화 강 하류, 헤이룽 강 연안, 우쑤리 강 일대에 살고 있는 소수 민족이다. 중국에서는 이들을 허저 족(赫哲族: 혁철족)이라고 부른다.

려 하자 그는 당나라로 도망칩니다.

대일하가 이끄는 발해군은 흑수말갈과 싸워 크게 이겼습니다. 흑수말갈은 앞으로 발해를 상대해 싸우지 않겠다고 다짐했지요. 흑수말갈을 제압한 무왕은 당나라 현종에게 당나라로 도망한 문예를 내놓으라고 요구합니다. 현종은 발해의 요청을 정면으로 거절하지 못하면서도 이런 저런 구실을 붙여 문예를 보내지 않았습니다.

화가 난 무왕은 "큰 나라라는 것이 어찌 외국에 대해 신의를 지키지 않고 그런 잔꾀로 일을 처리하려 하는가?"라며 당나라에 정식으로 항의했고, 당나라마저 공격할 결심을 했지요. 그러던 732년 가을, 거란에서 사신을 보내 함께 당나라를 정벌하자고 제의합니다. 속으로 당나라 공격이 부담스러웠던 발해는 이 제안을 흔쾌히 받아들였지요.

무왕이 왕위에 오른 지 14년째 되는 해 9월, 발해 대장군 장문휴는 수군 2만여 명을 이끌고 압록강 입구를 떠나 바닷길로 당나라의 덩저우(登州：등주, 지금의 산둥 성 마오핑 현)를 기습 공격합니다. 육로로는 랴오시(遼西：요서) 지방의 마도산까지 진출했고요. 거침없는 기세로 덩저우 성을 함락한 발해 병사는 성의 우두머리인 자사 위준을 죽입니다. 그리고 그 곳에 주둔해 있던 당나라 군대를 격파했지요. 우세한 군사력과 속전속결 전략이 거둔 승리였습니다.

발해가 당나라의 덩저우를 공격한 이 사건은 우리 역사상 정규 군대가 외국을 공격한 첫 번째이자 마지막 원정*이라고 평가합니다.

원정(遠征)
한 나라에서 군대를 동원하여 멀리 전쟁에 나가는 것을 말한다. 광개토왕이 중국 및 거란이나 부여 등을 공격한 것은 주변에 있던 나라와 전쟁을 한 것이므로, '원정'이라고 하지 않고 '정복 전쟁'이라 부른다.

우리 역사상 최초의 원정을 승리로 이끈 장문휴와 발해 군사들

신라 · 당과 우호 관계를 맺다

발해의 공격을 받은 당나라는 이번에도 주변 민족을 이용하는 방식을 택했습니다. 발해에서 망명한 무왕의 동생 대문예를 앞세워 육지로 공격해 오는 발해 군대와 싸우게 한 것입니다. 이이제이 수법 기억나지요? 바로 그 방법으로 발해의 반역자 대문예에게 발해를 공격하게 했습니다.

그런데 중국의 동북 지방 만주는 가을만 되어도 찬바람이 불고 매우 춥습니다. 당나라 현종은 100년 전 당나라 이세적 군대가 랴오둥의 고구려 안시성(지금의 랴오둥 하이청 시 영성자산성)을 공격했다가 가을 추위 때문에 후퇴한 교훈을 미처 깨닫지 못했을까요?

대문예는 당나라 군대를 이끌고 루이저우(幽州 : 북경)를 출발했습니다. 당나라 군대가 지나갈 때 역시 중국 동북 지방은 무척 추웠습니다. 도중에 많은 군사들이 얼어 죽거나 굶어 죽는 판에 대문예가 군사들을 몰아쳐 행군을 계속하자, 군사들 대부분이 도망쳐 버렸습니다. 당나라 군대는 어쩔 수 없이 죽어 가는 환자, 수많은 동상자 등 얼마 남지 않은 군사를 이끌고 되돌아갈 수밖에 없었습니다. 전쟁을 할 때 가장 중요한 기후와 자연 지리를 미처 파악하지 못한 잘못을 어리석게도 또 저지르고 만 것이지요.

당나라는 발해를 공격할 때 신라도 끌어들였습니다. 당시 당나라에 와 있던 신라 사람 김사란을 돌려보내 발해 남쪽을 치도록 요청했습니다. 양쪽에서 발해를 협공하려 한 것이지요. 당시 신라는 발해 세력이 남쪽으로 내려오자 위협을 느껴 당나라와 적극적으로 군사 동맹을 추진할 무렵이었지요. 이 때 당나라가 신라 왕에게 보낸 국서에 "신기한 공로를 이룬다면 후한 상을 어찌 아끼겠는가?"라는 구절이 있으니, 그들의 생각을 충분히 짐작할 수 있습니다. 신라는 이 기회에 발해의 위협을 막고 그 동안 불편했던 당나라와의 관계를 개선하여 나라 힘을 다시 키우는 기회로 삼고자 한 듯합니다.

신라군은 발해를 향해 북진했으나(733년) 전과를 올리지 못합니다. 눈이 많이 내린데다가 혹독한 추위, 발해의 튼튼한 방어 때문에 발해 국경에 이르지도 못하고 후퇴하고 맙니다. 혹시 신라는 당시 강국으로 떠오른 발해를 이기기 어렵다는 사실을 알았지만, 당의 요구를 거절할 수 없어 들어 주는 척만 했던 게 아닐까요?

그 뒤에도 당나라는 발해에 대한 침략 야욕을 버리지 못합니다. 그러나 여러 차례의 원정 계획이 물거품이 되자 더 이상의 욕심을 포기하고 말지요. 기가 꺾인 당나라는 발해와 친선을 유지하는 쪽으로 생각을 바꿉니다. 흉노의 힘이 커지자 친선 관계로 방향을 바꾸었던 이전의 한나라처럼, 당나라 역시 발해의 힘이 세지자 전쟁 대신 친선 쪽으로 방향을 튼 것입니다. 때마침 발해 역시 당나라와 좋은 관계를 맺는 편이 유리하다고 판단하여 먼저 손을 내밉니다. 당나라가 발해의 제안을 받아들여 두 나라는 다시 교류를 시작합니다.

이 때 신라는 비록 전쟁에 승리하지는 못했지만, 군대를 보내 싸워 준 데 대한 보답으로 당나라에게 대동강 이남 땅에 대한 소유를 인정받습니다(735년). 이제 발해와 신라가 서로 견제하는 사이가 되자, 당나라는 동북 아시아에 대한 욕심을 버립니다.

문왕 대흠무, 나라의 기틀을 마련하다

737년, 무왕이 죽고 대흠무가 발해의 세 번째 왕으로 즉위합니다. 바로 문왕(737~794년)입니다. 대외 강경론자*였던 무왕이 죽자 발해와 당 사이에는 다시 평화가 깃듭니다. 문왕이 왕위에 오르면서 발해는 본격적으로 부흥기를 맞이합니다. 문왕은 발해 전체 역사에서 거의 $\frac{1}{4}$에 해당하는 57년 동안 왕위에 있었습니다. 우리 역사에서 문왕보다 더 오래 왕권을 차지했던 왕은 고구려의 태조와 장수왕밖에 없지요.

대외 강경론자
주변 나라와의 관계에서 타협보다는 대결을 더 중요하게 여기는 사람. 앞에 흐르는 강은 마련하이다.

처음(고왕 대조영)과 두 번째 왕(무왕 대무예)을 거치면서 나라의 틀이 잡히자, 문왕은 나라 안 체제를 정비하는 데 온 힘을 기울입니다. 문왕은 왕위에 오를 당시 당나라에게 '발해 국왕(渤海國王)'이라는 칭호를 받습니다. 당나라는 이 무렵에 이르러서야 독립된 나라(발해)의 임금으로서 발해 왕을 공식적으로 인정한 것입니다.

문왕 대흠무는 만주 동쪽 지역을 개발하는 데 힘을 쏟았고, 도읍을 첫 도읍지인 둔화 시에서 상경성(上京城)으로 옮겨 발전의 기틀을 마련합니다. 동모산에서 동북쪽 300리 지점에 있는 상경(헤이룽장

평정산에서 바라본 상경성 평원 전경 점선 부분이 상경성 내부이다.

성 닝안 현 동경성)에 성을 크게 쌓아 수도를 웅장하게 건설했지요.

수도를 동모산에서 상경성으로 옮긴 이유는 무엇일까요? 무엇보다도 이 곳이 대외 관계를 넓히는 데 유리한 중심지였기 때문입니다. 또 상경 지역은 땅이 기름지고 기후가 따뜻한 편인 넓은 평야 지대였어요. 강과 호수가 있어 물을 이용해 농사 짓기가 좋고 물고기 잡이에도 유리했고요. 더구나 교통이 편리하고 주위가 강, 호수, 산줄기로 둘러싸인 요새여서 침략군을 막기에도 안성맞춤이었습니다. 이러한 이유로 발해 5경 가운데 하나인 상경 용천부는 755년 발해 수도가 된 뒤, 동경 용원부(현재 지린 성 훈춘 시)로 도읍을 옮긴 때(10년 정도)를 빼고 멸망할 때까지 수도 자리를 지킵니다.

문왕은 안록산의 난*으로 당나라가 혼란한 틈을 타 랴오둥 지역까지 진출하기도 합니다. 하지만 대외적으로 평화 관계를 유지하면서 이미 넓힌 영토를 잘 지배할 수 있도록 제도를 정비하는 데 더욱 힘을 기울입니다. 돌궐 등 북방 세력과 교류를 더욱 긴밀히 하고, 일본 및 신라와는 대립하고 견제하기보다 사신들을 보내 자주 왕래하며 교류합니다.

특히 당나라와 친선 관계를 회복하고 60번 이상 사신을 파견하여 당의 정치 · 행정 제도를 적극 받아들였습니다. 그 결과 3성 6부를 기본으로 한 중앙 통치 기구를 갖추었지요. 중앙의 행정 기구는 정당성 · 중대성 · 선조성 등의 3성과, 그 아래에 충 · 인 · 의 · 지 · 예 · 신 6부를 두어 실제 일을 맡게 했습니다. 지방의 지배 조직도 정비하여 5경 15부 62주로 알려진 지방 지배 체제를 갖추었지요 (100쪽 참고).

안록산의 난
755~763년에 안록산과 사사명이 일으킨 반란.

이렇게 문왕 때 통치 체제를 마련하자, 당나라는 비로소 발해를 하나의 독립된 나라로 인정한 것입니다.

한편 문왕은 유학과 불교도 발전시킵니다. 발해가 강해짐에 따라 왕의 권한이 막강해지자, 문왕은 스스로를 불교의 이상적 통치자인 전륜성왕에 비겼지요. 문왕을 높여 부르는 '대흥보력효감금륜성법대왕(大興寶曆孝感金輪聖法大王)'이라는 존호*가 아직까지 전해 옵니다. 여기서 '금륜'은 온 백성을 행복하게 하는 불교의 이상적 군주인 금륜성왕(전륜성왕)을, '성법'은 성인(聖人), 곧 제왕의 훌륭한 덕 또는 본보기를 말합니다.

또 일본한테는 스스로 하늘의 자손임을 자랑하기도 했습니다. 마침 문왕 때에 일본은 발해를 '발해국'이라는 이름 대신 '고려국'이라고 불렀습니다. 발해가 한때 강대국이었던 고구려를 계승했다는 자긍심을 바탕으로 '고려'라는 이름을 자주 사용하자, 일본에서 이를 인정한 것입니다. 발해가 고구려를 계승한 나라라는 문왕의 확고한 생각을 보여 주는 대목이지요.

문왕은 왕의 지위에 만족하지 않고 황제 자리까지 꿈꾼, 매우 자신감 넘치는 왕이었습니다. 문왕의 딸 정혜 공주와 정효 공주의 묘지 글에서 모두 아버지 문왕을 '대왕' 또는 '성인'이라 불렀고, '황상(皇上)'이라고도 불렀음을 확인할 수 있습니다. '황상'은 '황제'와 같은 뜻으로, 문왕 자신이 황제와 같은 높은 사람이라는 말입니다. 이것은 그 동안 문왕이 추진해 온 정책들이 일정한 단계에 오른 데 대한 자신감에서 나왔다고 볼 수 있겠지요.

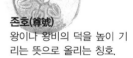
존호(尊號)
왕이나 왕비의 덕을 높이 기리는 뜻으로 올리는 칭호.

해동성국이라 불리다

앞서 보았듯이 당나라는 문왕을 '발해 군왕'에서 '발해 국왕'으로 높여 불러 나라 안팎으로 높아진 발해의 지위를 인정해 주었습니다. 당시에는 문서를 이용해 확인 증명서를 만들어 봉투에 넣어 주었는데, 이것을 문서 '책(册)'자와 봉할 '봉(封)'자를 써서 '책봉'이라고 합니다. 이 때 동아시아 사회는 발해나 신라 같은 당나라 주변 나라들이 해마다 당나라에 공물과 함께 인사를 하고, 당나라는 주변국을 책봉해 주면서 질서를 유지해 나갔지요. 이런 상황에서 발해 왕을 '군왕'에서 '국왕'으로 높여 부른 것은, 주변 나라들이 발해 문왕을 하나의 군을 관리하는 사람이 아니라 나라의 통치자로 예우한다는 사실을 당나라가 인정했다는 증거입니다.

문왕이 죽은 뒤 발해는 뚜렷한 발전이 없다가, 818년 10대 선왕(宣王) 대인수가 즉위하면서 다시 활기를 띱니다. 이 때 발해는 대부분의 말갈 부족을 통합하여 연해주 지역까지 지배합니다. 그리고 당의 영향력이 약해진 랴오둥 지역에 다시 진출하여 랴오양(遼陽:요양) 일대까지 차지하고 지배합니다. 뿐만 아니라 신라 방면인 대동강 이북 지역까지 나아갑니다. 이에 맞서 신라는 대동강 유역에 300리나 되는 장성을 쌓았지요(826년).

이 무렵 발해는 나라 안의 사방 경계와 5경 15부 62주의 행정 구역을 완성하고, 통치 조직을 다시 정비하여 전성기를 누립니다. 당나라는 이 시기의 발해를 '바다 동쪽의 융성한 나라'라는 뜻으로 '해동성국(海東盛國)'이라 일컬어 그 세력의 성대함을 인정했습니다.

7세기 이후 격동하던 동북 아시아는 이제 당나라를 중심으로 신

거 란

상경(파림좌기)

당

영주(차오양)

하얼빈

상경(동경성)

동모산(둔화)

중경(허룽)   동경(훈춘)

발 해

서경(린장)

남경(북청)

발해 만

평양

동 해

한성   삭주

신 라   북원(원주)

사비

옹주(공주)

완산(전주)   금성
양주

서 해

금성(나주) 강주(진주)

일 본

발해의 최대 영토와 천도 과정 서부의 대동강 유역에서 동부의 금야(신흥) 용흥강 부근에 이르는 선을 경계로 한반도 남쪽 신라와 이웃했다. 또 동쪽으로는 멀리 연해주, 하바로프스크에 이르는 동해안 등지를 포함한 일대, 서남쪽으로는 랴오허 하류 지방을 포함한 곳까지, 북쪽은 헤이룽 강 일대와 쑹화 강 중하류 지역을 다 포괄할 정도로 드넓었다. 동모산에서부터 화살표 방향대로 천도했다.

라 · 발해 · 일본 등이 공존하는, 안정된 국제 관계의 틀을 갖춥니다. 각 나라 사이에 사신 왕래가 잦아지고 일반 사람의 교류 또한 늘어났지요. 그런 가운데 신라와 발해, 일본은 선진 문물을 받아들이면서 자기 나라의 발전에 힘써 귀족 문화를 꽃피워 갑니다. 게다가 발해는 농업, 수공업, 수렵, 어로 등 모든 경제 생활 면에서 생산이 늘어 국내 상업과 대외 무역이 크게 증가합니다.

발해는 특히 당나라와 가장 활발히 교류했습니다. 왜 그랬을까요? 경제적 교류를 통해 정치적으로 좋은 관계를 유지하기 위해서라고요? 맞습니다. 그런데 그에 못지않게 중요한 이유가 또 있었습니다. 바로 중국의 앞선 문화를 수입하기 위해서였지요. 발해에서 건너간 학생들은 당나라의 국자감이라는 최고 교육 기관에 입학하여 빈공과 시험에서 많은 합격자를 냈습니다. 발해 사람들이 당시 가장 앞선 문화를 누리던 당나라에 유학 간 것은, 그들의 발달된 문물과 제도를 받아들이기 위해서였지요. 이를 통해 발해는 찬란한 문화를 꽃피우는 밑거름을 마련합니다.

발해와 신라의 자리 다툼

당시 당나라 황제는 해마다 특별한 잔치를 열었습니다. 당나라 주변 나라의 외교 사절들이 황제에게 바칠 물건을 가지고 먼 길을 온 노고를 치하하는 자리였지요. 이 자리에는 발해 사신과 신라 사신도 함께 참여했습니다. 잔치가 한창 무르익을 무렵, 발해 사신으로 온 왕자 대봉예가 손을 들고 황제에게 이야기를 청합니다.

"황제 폐하, 제 자리를 신라 사신과 바꾸어 주십시오. 저희 나라는 신라보다 나라 규모도 크고 힘도 셉니다. 어째서 신라보다 뒤에 앉게 하는 것입니까."

긴장한 여러 사신들은 황제의 대답을 숨죽여 기다립니다.

"처음 자리에 그대로 앉거라. 그냥 옛날 관습대로 앉는 것이 좋겠다."

발해의 요구를 들어 줄 수 없다는 황제의 대답입니다.

순간 미소 짓는 신라 사신의 모습과 억울해하는 발해 사신의 얼굴이 교차했겠지요. 어떤 이유로 발해 왕자는 자리를 바꾸어 달라고 요구했을까요?

당나라 황제가 외국 사신들에게 잔치를 베풀 때는 앉는 자리가 미리 정해져 있었습니다. 나라의 규모가 크거나 힘이 센 나라일수록 황제 가까이에 앉을 수 있었지요. 신라는 발해가 세워진 이래 줄곧 발해보다 황제 쪽으로 가까운 자리에 앉았습니다. 그런데 9세기 선왕 시대에 이르러 발해의 힘이 신라보다 강해졌으니 신라 위쪽에 앉게 해 달라고 요청한 것입니다(897년). 나라 힘이 뒤바뀐 데 따른 긍지와 자신감에서 나온 요구였지요.

그러나 발해의 주장은 받아들여지지 않았습니다. 오랜 관행을 깨고 자리를 바꾸어 주는 게 당나라 황제에게는 부담이었겠지요. 신라 왕은 이에 감격하여 신라 최고의 문장가 최치원을 시켜 당나라 황제에게 감사하는 편지〈사불허북국거상표〉[※]를 지어 바쳤습니다.

선왕 대인수(818~830년)는 지금의 싱카이 호(興凱湖 : 흥개호) 북쪽에 있는 여러 부락을 정벌하여 커다란 영토를 소유합니다. 중앙에서 지방에 이르기까지 5경 15부 62주 3독주주를 두어 관리 체제를 완

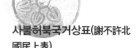

사불허북국거상표(謝不許北國居上表)

"북국(발해)이 윗자리에 앉는 것을 허락해 주지 않은 것에 대해 감사의 편지를 올립니다"라는 뜻이다.

편지에는, "나라 이름과 자리를 정할 때는 나라 힘이 강하고 약함으로 정하는 것이 아닙니다. 왕실 조정의 제도와 위엄이 지금 어찌 국가의 성쇠(盛衰 : 성하고 쇠함)로 바뀔 수 있겠습니까? 마땅히 옛날 관습대로 따르라고 하셨으니 황제의 깊은 은혜를 어찌 감당하오리까"라고 하여 감사의 마음을 깊이 표현했다.

비했지요. 반대로 신라는 정치적 혼란기를 맞이했고, 결국 김헌창이란 인물이 왕 자리를 탐내 반란을 일으킵니다(822년). 헌덕왕이 이를 가라앉혔으나 나라 힘은 날로 쇠약해졌지요. 이리하여 신라와 발해의 힘은 점차 뒤바뀝니다.

이 시기를 틈타 발해는 신라를 공격하여 영토를 빼앗고(818~820년) 여러 군과 읍을 두었습니다. 발해보다 약해진 신라는 발해의 침입에 대비해야 했지요. 신라 왕은 우잠태수 백영(白永)을 시켜 한산 북쪽의 여러 주와 군 사람 1만 명을 징발하여 대동강에 장성을 쌓게 했는데(826년 7월), 그 길이가 300리였다고 합니다.

이렇듯 선왕 시대 이후 발해는 전성기를 누리지만, 신라는 이미 힘이 약해져 마침내 후삼국으로 분열되고 맙니다. 이렇게 두 나라의 사정이 바뀔 즈음, 당나라에서 발해와 신라 사신 사이에 자리 다툼이 일어난 것이지요. 자기가 잘났다고 뽐내는 경쟁이므로 이것을 '쟁장(爭長) 사건'이라고 합니다.

빈공과 시험과 발해 사람

9세기 말, 발해 사람 오소도와 신라 사람 이동은 빈공과 시험을 앞두고 좋은 성적을 얻기 위해 앞다투어 공부했습니다. 시험 결과 발해의 오소도가 상위에 급제하자, 자존심을 구긴 신라에서는 좀더 우수하고 가능성 있는 인재를 보내 발해를 꺾기 위해 노력합니다. 신라가 보낸 인물은 고려 왕조에서 크게 활약하는 최언위. 그는 오소도의 아들 오광찬과 빈공과 시험에서 실력을 겨뤄 더 좋은 성적을 얻습니다(906년).

외국 사람들만 볼 수 있는 빈공과 시험에서 발해는 늘 신라와 경쟁했다.

《고려사》 최언위 열전에 나오는 이 내용은 발해가 어느덧 당나라 빈공과에서 신라와 경쟁할 정도로 성장했음을 보여 줍니다.

발해에서는 빼어난 문화를 배우기 위해 많은 유학생과 승려들이 당나라로 떠났습니다. 신라도 마찬가지였지요. 이 때 신라에서 가장 이름을 날린 사람이 당대의 최고 문장가 최치원입니다. 당나라에서는 9세기 들어 자기 나라 사람말고 외국에서 유학 온 학생들을 위해 특별히 '빈공과'란 과거 시험을 마련했던 것입니다. 지금까지 발해 사람으로 빈공과에 급제한 사람은 10명 정도로 알려졌습니다. 수십 명에 이르는 신라에 비하면 적은 수이지만, 기록이 없어 알지 못하는 인물도 많겠지요.

그런데 빈공과와 관련하여 한 가지 더 생각해 볼 점이 있습니다. 빈공과는 당나라 사람이 아닌 외국 사람만 볼 수 있는 시험 제도라고 했습니다. 곧 이 말은 어떤 사람이 빈공과 시험을 보았다면, 그 사람은 당나라 사람이 아니라 외국인이라는 뜻이 됩니다. 그런데 방금 전 빈공과에서 수석을 다툰 나라가 통일신라와 발해였다고 했습니다. 그렇다면 발해는 중국 학자들이 주장하는 대로 당나라의 지방 정권이라고 할 수 없겠지요? 외국 사람들만 보는 시험을 발해 사람들이 보았으니, 발해도 통일신라와 마찬가지로 중국 당나라와는 다른 별개의 나라로 인정했음을 분명히 알 수 있습니다.

빈공과 시험과 발해의 위상

빈공과는 당나라에서 시행한 시험 제도로, 빈공 진사과(賓貢進士科)를 줄인 말이며, 외국 학생을 위한 시험이었다. '빈공'은 당나라 출신 학생과 서로 상대가 되는 다른 나라 학생(貢史:공사)을 뜻하는 말이었다. 이로 보건대 빈공과는 당나라 정부에서 외국 학생들을 끌어들이기 위해 9세기 전반 무렵에 설치한 제도이다.

그렇다면 이 빈공과에 발해 사람들이 참여했다는 사실을 어떻게 보아야 할까? 이것은 바로 당나라가 발해를 자신의 지방 정권이 아니라 독립된 외국의 한 나라로 생각했음을 의미한다. 이는 신라의 경우도 마찬가지이다.

빈공과에 합격한 사람들의 이름은 당나라 급제자의 명단 끝에 따로 붙었고, 대우 또한 신통치 않았다고 한다. 그러나 그들은 자기 나라로 돌아가면 커다란 특혜를 받았기 때문에 선망의 대상이었다. 신라에서는 당나라에 파견한 학생들이 10년 동안 공부하면서 빈공과에 급제해야 하는 규정을 만들기도 했다고 한다.

빈공과에 처음으로 급제한 사람은 신라 사람 김운경이다(821년). 그 뒤 당나라와 오대 시기를 지나면서 빈공과에 급제한 사람은 모두 90

명에 이르렀고, 이 가운데 발해인과 페르시아인, 대식국인 10여 명을 빼고는 모두 신라 사람이었다.

발해는 건국한 지 얼마 안 된 8세기 초반부터 당나라에 유학생을 보내기 시작했다. 당시 신라 사람들은 벌써 당나라에 가서 빈공과에 급제했고, 발해 사람들은 이보다 20여 년 늦은 11대 왕 대이진 때(831~857년)에 이르러서야 급제자가 나오기 시작했다.

발해가 멸망할 때까지 빈공과에 급제한 발해 사람은 오소도, 고원고, 오광찬 등 10여 명에 이른다. 이들이 발해에 돌아와 뛰어난 활약을 했을 텐데, 아쉽게도 구체적인 기록이 없어 자세히 알 수 없다.

빈공과 급제자 가운데 발해 사람이 신라 다음으로 많다는 것은, 발해 문화가 9세기 이후 상당히 성숙했음을 뜻한다. 897년, 당나라에 사신으로 간 발해 왕자 대봉예가 신라보다 높은 윗자리에 앉게 해 달라고 요구한 이야기는 이러한 점을 잘 보여 준다. 이 과정에서 발해 문물은 당나라와 비슷한 수준에 이르렀고, 마침내 해동성국으로 불린 것이다.

1949년, 발해 3대 문왕의 둘째 딸 정혜 공주 무덤이 발굴되었다. 둔화 지방에 있는 한 중학교 교장에 의해서이다. 해방 뒤 학교 운영 자금을 마련하기 위해 궁리하던 그는, 보물이 나오지 않을까 하여 이 무덤을 파헤쳐 보았다. 그러나 기대했던 보물은 없고 글자가 새겨진 이상한 돌 조각들만 있었다. 이를 심상치 않게 생각한 그가 당국에 알려 정혜 공주 무덤이 발굴된 것이다.

무덤에서 나온 비석 내용에 따르면, 정혜 공주는 발해 3대 문왕의 둘째 딸로, 대조영의 증손녀이다. 공주는 문왕이 즉위한 이듬해인 738년에 태어나 777년 40세의 나이에 죽었고, 3년 뒤인 780년 이 곳에 묻혔다. 여기서 우리는 공주가 죽은 뒤 3년 만에 장례를 지냈다는 사실을 알 수 있다. 역사적으로 고구려가 3년장을 치렀고, 백제도 무령왕릉 묘지에 쓰여 있는 것처럼 3년장을 치렀다. 고구려와 백제의 장례 풍습인 3년장 전통이 발해에도 이어진 것이다.

정혜 공주 무덤 정혜 공주 무덤에서는 묘비와 돌사자 등이 출토되었다. 지린 성 둔화 시에 있는 육정산 고분군 가운데 하나이다.

무덤 안에 고구려식 벽화가 있다지만 아쉽게도 중국 정부가 개방하지 않아 직접 볼 수는 없다. 무덤 양식은 완전히 고구려식 돌방 무덤〔石室封土墳:석실봉토분〕이다. 천장 또한 고구려 무덤의 특징인, 모서리를 줄여 쌓는 모줄임 천장〔抹角天井:말각 천장〕이다. 고구려 안악 3호 무덤의 천장을 보면, 각 방의 네 귀에 각각 삼각형 돌을 얹어 천장 공간 좁히기를 두 번 반복하고 그 위에 뚜껑돌을 얹었다. 모서리를 줄여 나가며 천장을 쌓아 가는 방식이다.

이것은 발해 왕실이 초기에는 고구려 전통을 강하게 지녔음을 보여 주는 증거가 아닐까? 만일 그렇다면 정혜 공주는 고구려 계통 사람일 가능성이 크다. 다른 문화 요소와 달리 무덤 구조나 장례 제도는 쉽게 변화하기 어려워 한 종족 집단의 강한 전통으로 남기 때문이다. 정혜 공주가 고구려 계통 인물이었다면, 그의 증조부인 대조영도 당연히 고구려 계통 인물이어야 한다.

그런데 정혜 공주 무덤보다 12년 늦게 만들어진 그녀의 동생 정효 공주(756~792년) 무덤은 중국적이면서 발해의 독자적인 모습을 보여 준다. 그 사이 왕실 안에 어떤 변화가 일어난 것일까?

고구려 고분 가운데 모줄임 구조를 한 천장 사진(진파리 고분)

3

바다 동쪽의 융성한 나라로 불리다

해동성국의 참모습

발해의 서울 나들이

발해의 도성, 상경성

발해의 첫 수도는 둔화 시 동모산 일대입니다. 그러나 나라를 세운 뒤 주민이 점점 늘어 도읍지로서 비좁아지자, 도읍을 해란강 유역의 중경 현덕부*로 잠시 옮겼다가(8세기 중엽), 다시 상경 용천부*로 옮깁니다. 상경성이 자리 잡고 있는 벌판은 둔화나 해란강 유역 벌판보다 훨씬 넓었거든요. 그런데 이유는 알 수 없지만 또 도읍을 동경 용원부*로 옮겼다가 다시 상경 용천부로 옮기는데(8세기 말), 이 곳이 발해가 망할 때까지 줄곧 수도였습니다. 결국 상경 용천부가 발

중경 현덕부(中京顯德府)
지금의 중국 지린 성 허룽 시 서고성자.
상경 용천부(上京龍泉府)
지금의 중국 헤이룽장 성 닝안 시 발해진.
동경 용원부(東京龍原府)
지금의 지린 성 훈춘 시 팔련성.

칠공교
통나무를 얹어서 다리로 이
용하였다. 다리 전체 길이는
160미터. 발해 때에는 이런
다리가 다섯 개나 놓여 있었
다니 당시에 얼마나 많은 사
람들이 왕래했는지를 짐작
할 만하다.

해의 가장 오랜 수도였지요.

상경 용천부에 가기 위해서는 무단 강을 건너야 합니다. 20리 가
까이 절벽이 이어지고 그 밑으로 무단 강이 흐르는데, 그 위에 발해
사람들이 놓았던 돌다리 자리가 다섯 개 있습니다. 모두 다 큰 바위
를 깎아서 흙과 섞어 기둥을 세우고 다리를 놓았지요. 다리 받침 밑
에 구멍이 일곱 군데 생겼다 해서 칠공교라고 합니다. 지금은 강 너
머에 인구 5만 명 정도가 살면서 다리 하나로 아무 불편 없이 다닐
정도인데, 발해 시대에는 다리를 다섯 개나 놓았다니 상경성에 얼마
나 많은 사람들이 살았는지 짐작할 수 있지요. 문헌에는 발해에 300
만 인구가 있었다고 전합니다. 바로 이 때문에 상경 용천부가 아시
아 대륙에서 두 번째로 큰 도성으로 꼽히지요.

그런데 상경 용천부에 자리 잡기까지 발해는 왜 자주 도읍지를 옮
겼을까요? 아직 정확한 이유를 모르지만, 새로 확장한 영토를 잘 다
스리기 위해서 한복판의 넓은 곳으로 옮긴 게 아닐까 생각합니다. 영

토 확장 사업을 기본적으로 완성한 선왕 이후 발해의 수도는 줄곧 상경 용천부였으니까요.

지금 상경성은 자취만 남아 있지만 당시에는 화려한 건축물들이 들어서서 발해의 위엄을 과시했겠지요. 상경성보다 규모는 작지만 이와 비슷한 구조의 도시 유적이 중경과 동경의 옛 터에서도 확인됩니다. 중경 현덕부는 발해 5경 중 하나로 10여 년 간 발해의 수도였던 곳입니다. 현재 옌지(延吉 : 연길)에서 백두산 가는 길에 투도 평야가 나오는데, 그 평야 한복판에 파괴된 성벽만이 남아 있습니다.

서고성 북벽 전경(위)과 서고성 안내 표지석
발해 중경 현덕부가 있던 곳으로, 현재 성 안에는 민가가 들어서 있고 기름진 토양을 이용해 농사를 짓고 있다.

동경 용원부는 당시 '책성부'라고도 했으며 그 아래에 4개 주가 속해 있었습니다. 오늘날 발굴 조사 결과, 지린 성 훈춘에 있는 팔련성 터가 동경 자리로 추정됩니다. 성 안에서 많은 발해 유물이 나왔기 때문이지요.

훈춘 팔련성 터(동경 용원부 자리)와 푯말
중경 현덕부 자리인 서고성이나 상경 용천부 자리인 상경성과 마찬가지로 성 안은 이미 농사를 짓는 경작지로 변했다. 야생화 사이로 보이는 돌은 팔련성 궁전이 자리했던 주춧돌이다.

팔련성 터에서 나온 발해 돌부처(아래 오른쪽)

도시 계획에 따라 정연하게 세워진 상경성

발해 문화는 170여 년 동안 발해의 수도였던 상경성에서 꽃을 피웠습니다. 동경성진* 역에서 외곽으로 15분 정도 가다 보면 상경성과 만납니다. 지금도 바깥 성벽이 남아 있고 성 어귀에 비석이 서 있어 이 곳이 1300년 전 해동성국 발해의 수도였음을 알 수 있지요. 그러나 막상 상경성 터에 가 보면 지난날의 영화는 찾을 수 없고 흔적만이 답사객을 쓸쓸히 맞이합니다.

1300여 년이 지난 오늘, 성터의 소중한 유적들은 훼손되고 방치된 상태입니다. 땅 위의 건물들은 없어졌고, 궁전과 절 등 주요 건물 터와 성곽을 통해 당시의 면모를 파악할 뿐입니다. 불행 중 다행이라고나 할까요? 그나마 남대묘 절에 발해 시대의 석등과 불상이 남아

동경성진

일제 강점기에 일본은 상경성이 금나라 수도 동경성이라고 보아 역 이름을 동경성진이라 했다. 발해 수도 상경성은 동경성진 역에 내려야 볼 수 있으며, 훈춘 시에 있는 동경 용원부와는 다르다.

상경성 터에 남아 있는 회랑(복도)의 주춧돌 흔적

상경성에서는 7개의 궁전과 여러 개의 절터가 발견되었다. 발굴 당시에 건물 회랑의 주춧돌이 드러난 모습으로, 발해 궁전의 웅장한 규모를 짐작케 한다.

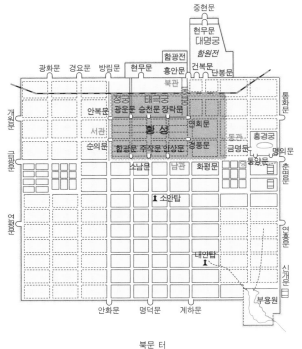

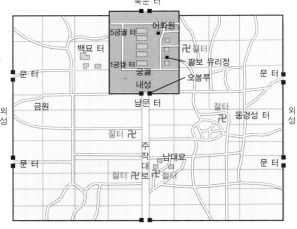

당나라 장안성(위)과 발해 상경성 평면도

있어 당시의 영광스런 모습을 확인할 수 있답니다.

발해의 수도 상경은 정연한 도시 계획에 따라 건설되었습니다. 상경성은 바깥성〔外城 : 외성〕과 임금이 거처하던 궁성〔皇城 : 황성〕으로 이루어져 있었는데, 바깥성은 둘레가 40리(약 16킬로미터)로 지금 서울에 남아 있는 조선 시대 도성(약 18킬로미터)과 비슷한 규모입니다. 성 안에는 궁전·관청·절·주택 들이 있고, 남북·동서로 큰 도로와 작은 도로가 반듯하게 교차하는 도시였지요.

상경성은 전체적으로 동아시아 문화의 중심이었던 당나라 수도 장안성을 본떠 만들었습니다. 도시 전체를 바깥성으로 에워싸고 성 안 북쪽에 궁궐을 지은 다음, 궁궐 남문에서 바깥성 남문까지 쭉 뻗은 주작대로*를 냈습니다. 주작대로는 마차 12대가 지나갈 수 있는 넓은 도로로 너비 110미터에 길이가 2195미터나 되는, 시원하게 뚫은 길이지요. 이 중앙 도로 양쪽에 사각형으로 칸을 나누어 집과

주작대로
도성을 꾸밀 때 바깥성의 남쪽 문에서 임금이 머무는 북쪽 황궁까지 남북 일직선으로 낸 길을 말한다.

안성 북벽과 바깥성 북벽(위) 멀리 나무가 많이 보이는 곳이 바깥성 북벽이다.
1궁전 터에서 바라본 오봉루(아래 왼쪽) 궁성 정문에 해당하는 오봉루는 상경성 건물 가운데 형태가 가장 잘 남아 있는 유적이다.
주작대로 사진 앞에 있는 하천을 덮은 돌다리 뒤로 이어진 전신주를 따라 주작대로가 이어져 왕이 머무는 궁성에 이른다.

상점을 단정하게 세웠으니 계획된 도시임을 알 수 있겠지요? 이 거리 동서 양쪽으로 가로 세로 11개의 거리가 뻗어 있어 멀리서 보면 장기 판처럼 반듯했지요. 또 남문을 중심으로 동서쪽에 사방 10리가 되는 돌로 쌓은 성벽이 있는데, 이것을 궁성(궁전)이라 불렀습니다.

당시 동아시아에서 당나라 장안성 다음으로 큰 규모를 지닌 상경성 모습

아! 그렇구나 상경성은 어떻게 만들었을까?

상경성 성벽은 안에 돌을 쌓고 겉에 흙을 발라 만들었다. 성벽 밑바닥 너비는 7미터 정도인데, 먼저 돌을 쌓고 그 위에 흙을 다진 다음 맨 위에 다시 돌을 쌓았다. 지금도 남아 있는 성벽의 높이가 5미터나 되니 처음에는 얼마나 높았을까? 이렇게 상경성은 바깥성 안에 안쪽 성이 있고, 안쪽 성 안에 궁궐을 둔 도성이다. 이것은 누군가의 표현을 빌리면, 하늘의 뭇별이 북두칠성을 에워싸고 돌듯 세상의 모든 백성이 왕을 중심으로 뭉쳐 있다는 발해 통치자들의 사상을 표현한 것이라고 한다.

해자(垓字 : 성벽 안팎으로 물을 가두어 적이 쉽게 넘어올 수 없도록 깊고 넓게 판 도랑)와 길고 반듯하게 뚫린 도로들만 봐도 그 규모를 짐작할 수 있는데, 상경성에서는 궁성의 정문인 오봉루가 가장 먼저 눈에 띈다. 화산이 폭발한 뒤 용암이 굳어서 생긴 현무암으로 견고하게 쌓아 올린 오봉루는 상경성의 건물 가운데 형태가 가장 잘 남아 있는 유적으로, 거대한 주춧돌이 상경성의 규모를 짐작케 한다. 높이 4.2미터, 길이 40미터, 너비 26미터의 대(臺) 위에는 직경이 1미터 되는 둥그런 주춧돌이 네 줄로 배열되어 있는데, 모두 50개가 훨씬 넘는다. 이렇게 높은 대 위에 궁궐을 지었으니 얼마나 웅장하고 화려했을까? 지금도 그대로 남아 있는 주춧돌을 보면 그 곳 현무암을 깎아 만들었음을 알 수 있는데, 반은 다듬고 반은 다듬지 않는 식으로 정교하면서도 자연스러운 멋을 추구했다.

상경성 안쪽 성 남문 – 오봉루와 대문 터

남문 동서 양쪽에는 너비가 4미터나 되는 대문이 각
각 있다. 대문 바닥에 넓적한 바위를 깔았는데, 그 표면
이 유리처럼 반들거린다. 문을 여닫던 문쩌귀는 세월을
건너뛰어 지금도 그대로 남아 있다. 남문 안쪽은 넓은
광장인데, 발해 병사들이 모여 체력 단련을 하거나 무
예 시범을 보이는 곳이었다.

남문 북쪽으로는 일직선을 따라 호화로운 궁전이 다
섯 개 있었는데, 흔히 1궁전, 2궁전 하는 식으로 부른
다. 남문과 1궁전 사이 거리는 165미터로, 그 사이에 광
장이 있다. 이 곳에서는 새로운 왕의 즉위식을 열거나
나라의 법을 반포했다. 또 전장에 나가는 장군을 환송
하거나 싸움에서 돌아오는 장군을 맞이하는 등 나라의
중요한 경사를 모두 여기서 치렀다.

발해에 새로운 왕, 아니 황제가 자리에 오르는 날을
한번 상상해 보자. 궁궐 마당인 조정(朝庭)에 왕을 비롯
한 모든 관리들이 자리한 가운데 궁전 앞에는 여러 색
깔의 깃발이 나부끼고, 무사들의 창과 투구가 햇빛에
번쩍거렸을 것이다. 한쪽에서 발해의 아름다운 궁중 음
악이 흘러나오고, 이전 왕은 왕관을 벗어 왕세자에게
씌워 주어 왕 자리를 물려준다. 바로 그 때 조정에 모인
여러 관리들은 왕을 향해 만세를 불렀을 것이다.

상경성 오봉루 문 터

바깥성 북벽과 서벽

바깥성 북벽 단층면

바깥성 동벽

안성 북벽 구조

안성 북벽 주변 기둥 받침돌

상경성 출토 돌사자상

오봉루에서 바라본 1궁전 터

1궁전 터 축대

1궁전 터 축대 위 건물 초석

2궁전 터

3궁전 터

4궁전 터

왕은 높은 기단을 쌓아 올린 1궁전과 2궁전에서 나랏일을 보고, 4궁전의 침실(침전)에서 휴식을 취했다. 2궁전은 많이 파괴되어 주춧돌이 이리저리 널려 있는데, 그 터 옆에는 발해 시대 왕과 관리들이 마시던 우물이 보호각 속에 남아 있다. 20년 전까지만 해도 이끼 낀 우물 안에 물이 고여 있었는데, 최근 몇 년 동안 관리가 안 돼 온갖 쓰레기로 채워져 있다. 팔보 유리정이라고 하는 이 우물에서 발해 사람들은 마실 물을 퍼 올렸으리라.

궁전 동쪽에는 어화원이라 불리는 아름다운 정원이 있었는데, 당시 세워졌던 인공 섬과 연못 바닥이 그대로 드러나 있다. 두 개의 섬과 호수, 정자가 있는 인공 정원은 신라의 안압지와 형태가 비슷하다. 궁궐 동쪽으로 왕이 왕비와 함께 거닐며 즐겼을 꽃밭, 돌을 쌓아 만든 가산(假山), 북쪽 산 밑으로 흐르는 무단 강을 바라보곤 하던 망강정 등의 유적이 있다. 가산 옆으로 발해 사람들이 뱃놀이하던 인공 호수와 낚시질하던 조어대 자리도 있다.

상경성 윤곽을 확인할 수 있는 항공 사진
아래쪽 네모진 곳이 상경성이다.

  상경성에서는 모두 81개의 집 자리가 조사되었다. 한 구역당 크기는 가로 500미터, 세로 300미터이다. 이 크기로 볼 때 당시 상경성 안에는 대략 20만 명 정도가 살았던 것으로 짐작된다. 상경성 안에는 또 하나의 성이 있었는데, 황제가 거처하는 궁전과 관청이 있는 황성이다. 현재 남아 있는 주춧돌 크기만으로도 그 거대한 규모를 짐작할 수 있다.

❶, ❹ 어화원 향원 터와 그 곳에서 수집한 발해 와당
❷ 팔보 유리정 우물
❸ 3궁전 터 건물 주춧돌

위풍당당한 발해, 발해 왕

발해 왕의 편지

727년 어느 날, 일본 사람 나가야노오〔長屋王〕는 심심하던 차에 나무판에 낙서를 하기 시작했습니다. 당시 바쁘게 돌아가는 하루 일 가운데 가장 먼저 머릿속에 떠오르는 일을 적었지요. 그가 관심 있게 들은 소식은 발해라는 나라에서 처음으로 사신이 왔다는 사실이었습니다. 그는 무의식중에 '발해'라는 글자를 썼습니다. 또 발해 사신들이 사신으로서의 일말고 교역 활동도 했다는 말을 들었기에 '교역'이라는 글자도 써 보았습니다. 이것이 일본 고대 왕궁인 헤이죠규(平城宮 : 평성궁) 터에서 '발해사' 목간*이 발견된 배경입니다.

목간에 나오듯이 발해 사신이 처음 일본에 간 시기는 727년이고, 목간도 바로 그 해에 쓰여졌습니다. 문헌 기록을 보면 727년에 발해 사신으로 일본에 처음 간 사람은 고제덕 일행입니다. 목간에 '교역'이라는 글자가 함께 쓰여 있어 그들이 공식적인 외교 활동 외에 교역 활동도 수행한 것으로 보입니다.

1966년, 헤이죠규에서는 또 하나의 목간이 나왔습니다. 일본 정부에서 내린 공식 문서인 이 목간에는, 758년 9월 18일 발해 사신 양승경 일행과 함께 귀국한 일본의 오노 다모리〔小野田守〕 일행을 두 계급 특진시킨다는 내용이 담겨 있습니다. 그런데 이 목간에서 매우 주목할 만한 단어가 나왔습니다. 바로 일본에서 발해에 보낸 사신을 '견고려사(遣高麗使)'라고 하여 발해를 '고려'로 부른 점입니다. 이것

목간(木簡)

목간은 종이가 흔하지 않던 시대에 종이 대신 나무에 쓴 일종의 문서이다. 1200년 전 도로에서 발견된 한 목간에는 '도로 수리하는 사람을 보내니 이것을 지니고 가는 사람을 잡지 말라'는 내용이 담겨 있다. 도로 유적에서 출토된 목간은 주민들의 이동을 엄격하게 단속하던 당시에 사용한 일종의 여권이라 할 수 있다.

은 발해가 고구려를 계승했다는 의식이 무척 강했으며, 일본에서도 그것을 인정했음을 보여 주는 증거입니다. 이러한 사실을 말해 주듯 일본 역사책 《속일본기》에서도 발해를 고려라 칭했습니다(759~778년). 문왕 때 일이지요.

발해 왕은 일본에 외교 문서를 보내면서 자신을 '고려 국왕'이라 불렀습니다. 고려는 고구려의 또 다른 이름이니, 발해 스스로 고구

견고려사 목간 이 목간은 길이 24.8센티미터, 너비 2센티미터로 모두 22자의 내용이 적혀 있다. 여기에 일본에서 발해에 보낸 사신을 '견고려사'라고 새겨 발해를 '고려'로 칭했음을 알 수 있다.

《속일본기》 가운데 발해 국서 부분 발해가 '고구려 계승 국가'라는 뜻에서 나라 이름을 '고려'라고 부르자, 일본에서 이를 받아들여 그대로 적은 것으로 보인다.

依遣高麗使廻來 天平寶字二年十月廿八日進

續日本紀 卷第廿二 起天平寶字三年正月盡四年六月

右大臣從二位兼行皇太子傅中衛大將
臣藤原朝臣繼繩等奉勅撰

廢帝

三年春正月戊辰朔、御大極殿受朝。文武百官、及高麗蕃客等、各依儀拝賀。○庚午、帝臨軒。高麗使楊承慶等貢方物、奏曰、高麗國王大欽茂言、承聞、在於日本照臨八方、聖明皇帝、登遐天宮。攀号感慕、不能黙止。是以、差輔國将軍楊承慶、帰徳将軍楊泰師等、令賷表文并常貢物入朝。詔曰、高麗國王遙聞先朝登遐天宮、不能黙止、使楊承慶等来慰。聞之感痛、永慕益深。但歳月既改、海内從吉。故不以其礼相待也。又不忘旧心。

려 뒤를 이었음을 선언한 것이지요. 또 발해의 여섯 번째 임금 강왕(康王)은 일본에 보낸 외교 문서에서, "교화를 따르는 부지런한 마음은 고씨에게서 이어받은 것이다"라고 했습니다. 고씨는 바로 고주몽을 말하므로, 발해는 고구려를 계승했다는 의미가 더불어 담겨 있지요. 일본에서는 발해 사신이 오면 일본에 귀화한 고구려 계통 인물을 내세워 접대했다고 합니다.

하늘의 자손이 이끄는 나라

아래 글은 함경 남도 신포시 오매리 절골에서 발견된 금동판의 내용입니다. 발해의 천손(天孫 : 하늘의 자손) 사상을 적은 금동판은 고구려 양원왕 때(546년)에 만든 것으로 추정됩니다. 그 내용에 따르면 당시 최고 통치자를 당나라에서는 '천자'라 부르고, 일본에서는 '천황'이라 부른 데 비해, 발해에서는 '천손'이라 했음을 알 수 있습니다.

그런데 왜 고구려 때 만들어진 금동판이 발해 시대 생활층에서 나왔을까요? 그것은 고구려 때 쓰던 유물을 발해에서도 계속 사용했기 때문입니다. 이 유물은 발해 시대에도 건물 벽에 걸려 있다가 땅속

……삼가 이 탑을 만들었으니, 5층으로 새기고 탑의 꼭대기 부분인 상륜(相輪)이 조화를 이루도록 하였다. 원하건대 왕의 신령스러운 영혼이 도솔천으로 올라가 미륵을 뵙고 천손과 함께 만나 모든 생명이 경사스러움을 입게 하소서……

에 묻혔겠지요. 오매리 절에 살던 고구려 승려들은 발해가 들어선 뒤에도 큰 변화 없이 그대로 활동한 것 같습니다. 금동판을 보니 고구려 때 사용하던 말을 발해 시대에 그대로 사용했음을 확인할 수 있습니다.

발해 문왕은 일본에 보낸 편지(772년)에서 스스로를 높여 '천손'이라 말했습니다. 천손이란 황제만이 사용할 수 있는 말이지요. 이것을 받아 본 일본 고닌(光仁 : 광인) 천황은 발해 문왕에게 다음과 같이 반박하는 국서를 보냈습니다.

발해에서 보낸 국가 문서 말미에 헛되이 '천손'이란 말을 함부로 늘어놓았다. 멀리서 왕의 뜻을 헤아려 보지만 어찌 이렇다 하겠는가? 또 가까이 일의 형편을 생각해 보아도 착오인 것 같다. ……나중에 보내는 사신들은 다시는 그러지 말라.

왜 일본 왕은 발해 왕의 호칭에 대해 이토록 반발했을까요? 황제는 백성들을 다스릴 때 자신은 하늘의 자손으로 그 권위를 하늘에서 부여받았다는 점을 강조합니다. 중국에서 최고 통치자를 '천자'라고 하고, 일본에서는 '천황'이라 한 것은 모두 이 때문이지요. 이러한 뜻이 담긴 말을 발해가 사용했기에 일본 왕실에서 가만히 있지 않았던 것입니다.

그러면 어떤 이유에서 발해 왕은 천손이라는 말을 사용했을까요? 천손 의식은 고구려에서 비롯했습니다. 고구려 사람들은 나라를 처음 세울 때부터 자신을 하늘의 자손이라 일컬었고, 광개토왕 시절에는 백제와 신라를 자신보다 한 단계 아래 국가로 취급했지요. 발해는 이러한 고구려의 자부심을 그대로 이어받은 나라였기에 천손이라는 말을 스스럼없이 사용한 것입니다.

고리가 굵은 태환식 귀고리
금동판이 나온 곳과 멀지 않은 함경 북도 화대군 정문리 창덕 3호 무덤에서도 고리가 굵은 귀고리가 발견되었다. 고구려의 귀고리와 아주 유사한 것으로 보아 발해가 고구려 문화를 많이 계승했음을 알 수 있다.

황제가 이끄는 나라

792년 6월 9일, 문왕의 넷째 딸 정효 공주가 세상을 떠났습니다. 공주가 죽자 "황상(皇上：문왕 대흠무)께서는 조회를 열지 않고 크게 슬퍼하면서 잠자리마저 들지 않고 궁궐 안에서는 음악 연주도 못하게 했다"고 합니다. 공주를 무척 사랑한 문왕의 슬픔은 이루 말할 수 없었겠지요.

정효 공주 무덤의 보호각
본디 무덤 위에 탑을 세웠으나 현재는 사라지고, 무덤 내부를 보호하기 위해 보호 건물을 세웠다. 무덤 안에는 무덤 길의 좌우 및 무덤 칸 세 벽에 모두 12명의 벽화 인물이 그려져 있다.

　정효 공주의 무덤은 1979년에 발견되었습니다. 무덤에서 나온 묘지석*에는 딸을 잃은 아버지의 애절한 심정이 잘 드러나 있습니다. 그런데 여기서 '황상(皇上)'이라는 단어가 눈에 띕니다. 황상은 발해 왕을 부르는 말인데, 다른 말로 하면 '황제'입니다. 황상이라는 말은 신하가 직접 황제를 부를 때 썼던 말이므로, 문왕을 황제로도 불렀음을 알 수 있습니다. 중국 왕들만 황제라고 불렀다는 사실, 기억하지요? 그렇다면 이 황상이라는 단어는, 발해가 당시 세계 문화의 중심국인 당나라와 대등한 독립국이었음을 단적으로 보여 주는 예라고 할 수 있겠군요.

　일본 구라시키 시 오하라 미술관에는 발해가 황제의 나라였다는 사실을 뒷받침해 주는 또 하나의 유물이 있습니다. 이 유물이 이 곳에 보관된 경위를 알 수 없지만, 미술관 한쪽에 '함화 4년'이라는 명문이 새겨진 비상(碑像)이 초연하게 서 있습니다. 비상이란 돌에 글씨를

묘지석(墓誌石)
죽은 사람이 살아 있을 때 한 일, 자손의 이름, 출생과 사망 연월일, 무덤에 묻힌 날짜 등을 기록한 돌.

함화(咸和) 4년명(銘) 비상 (碑像)

발해 시대의 불상이 조각된 비석이다. 높이가 64센티미터로 정면 가운데에 아미타 부처가 새겨져 있고, 그 옆에 수행하는 승려가 서 있다. 그리고 그 옆에는 관음 보살과 대세지 보살이 새겨져 있다. 비상 아랫단에 모두 93자의 글자가 새겨져 있는데, 조문휴(趙文休)라는 인물과 기록에는 없는 '허왕부(許王府)'라는 발해 시대의 부가 나와 있어 주목된다.

새겨 넣은 비석이면서 불상을 조각했기 때문에 붙은 이름입니다. 이 비상은 함화 4년, 곧 834년 발해에서 만든 것입니다. 이 유물 위쪽에는 아미타 부처를 중심으로 보살들이 조각되어 있고, 아래쪽에는 비상을 만든 이유가 간략히 적혀 있습니다. 허왕부의 관리였던 조문휴 어머니가 불교를 믿는 모든 사람을 위해 만들었다는 내용이지요.

그런데 '허왕부(許王府)'라는 관청 이름이 눈길을 끄는군요. 허왕이 일을 보는 '관청'이라는 뜻인데요, 이는 발해에 중앙 왕실의 대표 왕말고도 왕으로 임명된 사람이 더 있었음을 뜻합니다. 이에 따라 허왕부라는 관청이 설치되어 있었다는 말이 되고요. 그렇다면 '허왕'이라는 직책을 내려 준 발해 왕의 호칭은 왕보다 한 단계 높은 '대왕' 혹은 '황제'일 수밖에 없겠네요.

발해가 스스로 황제의 나라라고 내세웠음을 말해 주는 또 하나의

자료가 있습니다. 바로 독자적인 발해 연호(年號)를 썼다는 사실입니
다. 요즘은 예수 탄생을 기준으로 서력 기원(줄여서 '서기')을 사용합
니다. 연호는 지금의 '서기 2005년' 하는 것과 마찬가지로, 나라를
다스리는 분의 생각을 담아 자신이 왕위에 있는 동안 사용하는 또
다른 연대 표기법입니다. 그런데 발해는 두 번째 임금 무왕 때부터
연호를 꾸준히 사용했습니다.

고대에 동아시아 나라 대부분은 나라 힘이 특별히 강해진 경우를
빼고는 중국의 연호를 그대로 빌려 썼다고 했습니다. 우리 역사에
서 발해처럼 오랫동안 독자적인 연호를 꾸준히 사용한 나라는 찾아
볼 수 없습니다. 연호는 원칙적으로 황제만 사용할 수 있어서 제후
나라는 황제 나라 연호를 갖다 썼지요. 삼국 통일 전에 신라가 자기
마음대로 연호를 쓰다가 당나라 태종의 지적을 받고 이를 중단한

일이 있지요. 이에 비해 발해는 왕조 내내 연호를 꾸준히 사용했으니, 발해가 당나라와 당당히 어깨를 겨루며 황제의 나라를 꿈꾸었음을 분명히 알 수 있습니다.

이뿐만이 아닙니다. 발해의 정부 기관 중에는 '선조성'이 있고, 중대성에는 '조고사인(詔誥舍人)'이란 관직이 있습니다. '선조성'은 황제의 명령인 조서를 베푸는 곳이고, '조고사인'은 조서를 직접 쓰던 관리를 말합니다. 그런데 '조서'란 단순한 왕의 명령 문서가 아니라 황제의 명령서를 말합니다. 황제보다 낮은 왕의 명령서는 '교서'라 부르지요.

오늘날 해마다 새해가 시작될 때 대부분의 나라에서는 대통령이 '연두 교서'를 발표하는데, 이 연두 교서는 바로 왕의 명령서에 해당한다고 볼 수 있습니다. 신라가 '교서'란 말을 사용하고 발해가 '조서'란 말을 사용한 것을 보면, 발해 사람들은 발해가 신라보다 한 단계 높은 나라라고 생각했음을 알 수 있습니다. 발해는 바로 황제의 나라라고 인식했기 때문이지요.

아! 그렇구나 발해의 연호

연호(年號)는 임금이 즉위한 해부터 그 자신이 다스리던 때를 일컫는 이름이다. 우리 나라 최초의 연호는 고구려 광개토왕 때 사용한 영락(永樂)인데, 연호를 썼다는 것은 일반적으로 그 나라가 중국과 대등한 나라로서 국제적 위상이 높았다는 증거로 이해한다.

발해 무왕은 '인안(仁安)'이란 연호를, 문왕은 '대흥(大興)'과 '보력(寶曆)', 성왕은 '중흥(中興)', 선왕은 '건흥(建興)'이라는 연호를 사용했다. 이름을 알 수 없는 열한 번째 임금은 '함화(咸和)'라는 연호를 사용했다.

발해는 당나라에게 '발해 군왕'으로 임명되는 관계였음에도 독자적인 연호를 사용했다. 이를 어떻게 이해해야 할까? 먼저 당나라와 대등한 독립 국가임을 과시하기 위해서였다. 그리고 나라 안에서 왕의 권한과 힘이 강함을 표시하는 장치였다는 사실 또한 잊어서는 안 된다. 당나라와 대등한 나라의 임금임을 내세워 나라 안에서 그 권위를 강조하려는 목적이 연호에 나타나 있는 것이다.

나라 살림의 이모저모

중앙 문화는 귀족 중심으로 꽃피고

발해 문화는 여러 요소가 뒤섞인 특징을 보입니다. 먼저 중앙 문화를 보면, 주로 귀족들이 활동했기 때문에 귀족 문화가 발달했습니다. 그런데 중앙의 귀족 문화는 당나라의 영향을 크게 받았지요.

당나라 문화는 당시 가장 빼어나고 앞선 문화였으니 발해의 중앙 귀족들은 서로 그 문화를 배우려고 했겠지요. 발해의 수도 상경성이 당나라 수도 장안성을 본뜬 구조라는 사실이 단적인 보기입니다.

발해 속에 있는 당 문화는 유교와 한문학에서 가장 두드러지게 나타납니다. 무엇보다도 충(忠), 인(仁), 의(義), 지(知), 예(禮), 신(信)이라는 유교 덕목을 중앙 행정 기구인 6부의 이름으로 삼았을 정도이지요. 이것은 발해만의 독창적인 모습으로, 그 사회에 유학이 얼마나 깊숙이 뿌리내리고 있었는지를 말해 줍니다. 정혜 공주와 정효 공주의 묘지석 내용을 보면 유교 도덕을 무척 강조했음을 알 수 있습니다.

정혜 공주 무덤을 지키고 있는 돌사자 날카로운 이빨과 당당하게 버티고 있는 두 다리가 굳센 발해 무사를 연상시킨다. 크기 51센티미터.

또한 중국의 유교 경전과 역사책들을 인용하면서 변려체* 문장을 구사해 당시 발해 지식인의 수준도 엿볼 수 있지요. 특히 묘지석에 나오는 경전만 해도 《상서》·《춘추》·《좌전》·《시경》·《역경》·《예기》·《맹자》·《논어》 들이 있어 발해의 한문학 수준이 높았음을 보여 줍니다.

발해는 당나라 문물을 수용하고 많은 유학생과 유학승(승려)을 파견하여 당의 선진적인 한문학과 유교 문화, 그리고 불교 문화를 적극 받아들였습니다. 그 결과 불교 문화도 크게 융성하여 그 흔적이 발해의 옛 도시 곳곳에 흩어져 나타납니다. 지금까지 발굴한 여러 절터에서 불상, 석등, 돌사자, 연꽃 무늬 기와 등 불교와 관련한 유물이 많이 발견되었지요. 특히 정혜 공주 무덤에서는 용감무쌍한 발해 무사를 떠올리게 하는 돌사자가 두 개 발견되었습니다.

이렇게 발해의 정치·사회·문화는 주로 중앙 귀족을 중심으로 꽃피었습니다. 물론 당나라 영향을 많이 받아 세련미가 있었지만, 처음에는 고구려 문화를 바탕으로 삼았습니다. 예를 들어 상경성의 구조는 기본적으로 당나라 장안성을 본떴지만, 온돌 장치 등은 고구려적인 요소를 보여 주는 흔적이지요.

사찰의 형태나 불교 조각품들도 직선적이고 소박한 고구려 예술 양식을 기본으로 합니다. 상경성 안에 지금도 남아 있는 남대묘 발해 석등은 높이가 6미터에 달하는 거대한 석등으로, 발해인의 웅대한 기상을 보여 줍니다. 석등 아래쪽에 새겨진 연꽃 무늬에서는 씩씩하고 힘찬 고구려 후예다운 기상을 느낄 수 있답니다.

변려체(駢儷體)
소리와 조화를 맞춰 옛 일을 많이 인용하는 한문체의 한 가지. 주로 네 글자, 여섯 글자 대구를 많이 쓴다.

중앙 제도와 군사 제도를 독자적으로 변형하다

발해의 중앙 제도는 당나라의 3성 6부 제도를 기본 뼈대로 하면서도 이름과 운영하는 방식은 크게 달랐습니다. 3성 6부에 딸린 관청의 규모가 달랐고, 일의 성격이나 기능 또한 당나라와 차이가 있었습니다. 발해 자신의 필요에 따라 독자적으로 변형해서 운영해 나간 것입니다.

당시 당나라의 3성은 중서성·문하성·상서성이었는데, 어떤 일

발해와 당의 3성 6부제
발해의 3성 6부제는 당나라의 3성 6부제와 달리 2원제였고, 각 6부의 명칭은 유교 덕목에서 따왔다. ( ) 안은 당나라에서 사용한 명칭.

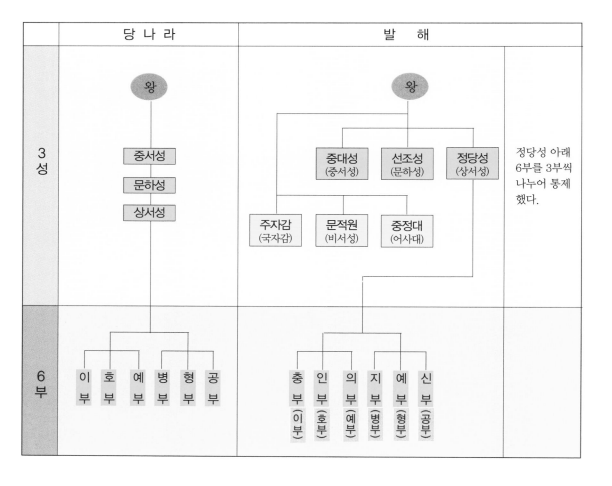

	당 나 라	발 해	
3성	왕 중서성 문하성 상서성	왕 중대성(중서성) 선조성(문하성) 정당성(상서성) 주자감(국자감) 문적원(비서성) 중정대(어사대)	정당성 아래 6부를 3부씩 나누어 통제했다.
6부	이부 호부 예부 병부 형부 공부	충부(이부) 인부(호부) 의부(예부) 지부(병부) 예부(형부) 신부(공부)	

을 처리하려면 중서성→문하성→상서성으로 이어지는 순서에 따라 운영했습니다. 그런데 발해는 귀족 관료들의 합의 기구인 정당성에서 결정한 사항을 중대성과 선조성에서 나누어 처리했지요.

좀더 자세히 알아볼까요? 예를 들어 중대성에서 왕의 명령을 문서로 만들고 나면, 선조성에서는 왕명을 선포하거나 그에 대한 의견을 제시하고, 정당성에서는 그 왕명을 집행했습니다. 6부에서는 관리를 자리에 앉히는 일이나 돈을 관리하는 일, 예절과 학교 교육을 담당하는 일을 했고요. 또 군사와 관련된 일이나 죄인을 벌주는 일, 그리고 실생활에 필요한 물건을 만들거나 도로, 다리 공사 등을 도맡았습니다.

군대는 중앙에 10위*라 하여 10개의 병사 집단이 있었습니다. 10개의 병사 집단 위에는 대장군 1명과 장군 1명을 두었는데, 하는 일이 어떻게 달랐는지는 알 수 없습니다. 단지 이들 대부분은 궁성에 살면서 궁성과 수도를 지키는 임무를 맡았을 것으로 여겨집니다. 지방의 주요 지점에도 군사 기관을 두었는데, 중앙의 10위 아래 예속되었을 것으로 봅니다.

중앙 군대는 왕궁과 수도의 성을 지켰으며 모든 군대의 중심이 되었습니다. 지방 군인은 지방 장관의 지휘 아래 보통 때에는 무기나 말, 그리고 식량 등 전쟁 물자를 준비했고, 성을 쌓거나 농사를 지으면서 훈련에 임했지요. 이 밖에 거란, 당, 신라와 접하고 있어 특별히 중요한 곳에는 독립된 부대와 요새를 설치했습니다.

중앙 군인을 어떤 방법으로 모집했는지는 잘 알 수가 없습니다. 단지 고구려 계통 사람이든 말갈 계통 사람이든 까다로운 조건을 갖춘 사람을 뽑았을 것입니다.

10위(十衛)
좌맹분위·우맹분위·좌웅위·우웅위·좌비위·우비위·남좌위·남우위·북좌위·북우위를 말한다. 좌우위를 하나의 독립된 직책으로 보아, 발해 중앙군은 8위였다고 주장하는 학자도 있다.

지방의 군사 조직을 볼까요? 발해에서는 지방 토착 세력인 수령의 역할이 상당히 컸습니다. 따라서 수령이 지휘관 자리에 앉고 촌락민을 병사로 동원하는 병농 일치(兵農一致) 속에 군사가 촌락 단위로 조직되었을 것입니다. 전쟁이 일어나면 촌락에 살던 백성들도 싸움터에 나가야 했겠지요.

지방은 수령이 맡아 다스리고

앞서 보았듯이 발해의 통치 제도는 겉보기에는 당나라의 제도만큼이나 잘 조직되고 매우 세련되었습니다. 그러나 운영에 있어서는 반드시 그렇지만은 않았던 것 같습니다. 특히 지방 사회 운영을 수령에게 맡긴 점을 보면 그렇습니다. 나라를 잘 이끌어 가려면 중앙 왕실에서 보낸 관리가 지방관으로 내려가 해당 지방에 중앙의 선진 기술과 문화를 알리고 이끌어 주어야 합니다. 그런데 발해는 중앙에서 보낸 관리 대신 토착 수령이 다스려 나갔지요. 이는 발해 주민 구성의 특수한 사정, 곧 두 종족으로 이루어졌다는 점과 연결됩니다.

발해의 지배자들은 대체로 고구려를 계승했다는 의식이 강했습니다. 그들은 처음부터 있었던 토착 집단 조직을 통해 지방을 다스렸습니다. 토착 사회의 지배자인 촌장은 발해 정부에서 지배권을 인정받아 백성을 이끌어 나갔습니다. 이들을 수령이라고 불렀지요. 수령은 발해의 지방 사회에 둔 부(府)나 주(州), 그리고 현(縣)에 처음부터 살던 우두머리로, 각 촌락의 군사적인 일이나 행정 책임을 맡았던 사람입니다.

발해가 일본에 사신을 보낼 때에는 언제나 수령이 일본 사신으로 함께 따라갔습니다. 특히 발해 후기에는 65명에 이르는 수령이 따라갔지요. 65명이라는 숫자는 발해 지방 제도인 62주에 3개의 독주주를 더한 수와도 같은데, 우연의 일치는 아닌 것 같습니다. 각 주마다 한 명의 수령을 데리고 간 것은 아닐까요?

발해 통치자는 각 지역의 풍습에 따라 해당 지역을 다스린다는 정책의 하나로 수령을 임명했고, 지방 수령들도 이러한 지배자들의 관리를 받았습니다. 이 수령 제도는 지역마다 특성이 다양하고 사회 발전 단계가 고르지 못한 발해 사회에서 매우 유용한 제도였겠지요. 그러나 수령들은 자신들이 살고 있는 지역의 토착 세력(대부분 말갈족)을 바탕으로 막강한 힘을 지녔어요. 그러니 발해 왕실에서는 지방 수령을 다스리기가 무척 힘들었겠지요.

발해가 처음에는 빠르게 세력을 확대했으나 말기에 갑작스레 힘이 약해진 까닭은 바로 여기, 지방 사회를 지배하는 데 힘이 달렸기 때문은 아닐까요?

남성자고성(南城子古城)
발해의 중요한 지방 거점의 하나였던 무단장 시 외곽에 있는 발해 시대 성. 상경성 위쪽 일대로 통하는 중요 교통 거점으로, 무단 강 일대를 관장하는 곳으로 활용했을 것이다.

발해는 5경(京) 15부(府), 그리고 62개 주(州)로 이루어진 행정 체계를 갖추었습니다. 이 가운데 5경은 중앙과 사방의 중요한 곳에 두었습니다. 지방을 토착 집단의 수령에게 맡기면서 생길 수 있는 문제점을 보완하기 위해, 중앙 정부가 지방을 다스리는 거점으로 5경을 둔 것이지요. 5경은 상경 용천부(헤이룽장 성 닝안 시 동경성 발해진), 중경 현덕부(지린 성 허룽 시 서고성자), 동경 용원부(지린 성 훈춘 시 팔련성), 남경 남해부(함경 남도 북청), 서경 압록부(지린 성 린장 시)를 말합니다.

15부는 부여, 숙신처럼 그 곳에 처음부터 살던 종족들의 독자적인 생활권을 중심으로 설치되었고, 중심 수령은 도독(都督)으로 임명되었습니다. 한 마디로 15개 부는 일정한 종족 집단의 거주 지역을 기본 단위로 삼았습니다. 그 가운데 가장 중요한 곳이 5경이었고요.

발해는 기본적으로 15부를 통해 지방을 통제했습니다. 특히 15부 가운데 몇몇은 외국으로 통하는 교통로 구실을 했음이 눈에 띕니다. 나중에 이야기하겠지만, 정리부나 솔빈부 등은 중앙에서 사방으로 나가는 교통의 요충지에 자리합니다. 발해에서 '부'가 지방 행정을 통치하는 데 매우 중요했음을 말해 주는 증거이지요.

15부는 지방 통치의 중심지로서 그 밑에 62주를 거느렸습니다. 62주는 15부의 아래 단위로, 중심 수령을 '자사(刺史)'라고 불렀지요. 자사 밑에는 현의 장관인 '현승(縣丞)'이 있었는데, 이들은 지방 행정의 가장 아래에 자리 잡은 촌락의 수령을 다스렸습니다.

거란

회원부(둥장)
회원부

철리부(덕리진)
철리부

동평부
동평부(지시)

안원부(이만)
안원부

막힐부(하얼빈)
막힐부

용천부
ⓞ상경 용천부

솔빈부
솔빈부
(우수리스크)

안변부

발해

안변부(올리가)

부여부
부여부(능안)

동모산
▲

현덕부

용원부

정리부
정리부(수찬)

장령부(샨청쯔)
장령부

중경 현덕부
(허룽)

동경 용원부
(훈춘)

백두산
▲

당

서경 압록부
ⓞ (린장)

압록부

남해부
남경 남해부
(북청)

동 해

신라

한주

삭주
북원경

명주

서원경
공주

충원경

상주

서 해

전주
남원경

금성

양주

무주

강주

금관경

왜

발해의 5경 15부

지방은 토착 문화가 유지되고

중앙 귀족 문화와는 달리 발해의 지방 사회에는 독특한 토착 문화가 존재했던 흔적이 곳곳에서 발견됩니다. 중앙에서는 이미 사라진 순장* 흔적이 일부 지역에서 보이는 것이 대표적인 보기입니다.

상경성 주변을 흐르는 무단 강을 건너면 아보촌이라는 작은 마을이 나옵니다. 필자가 답사 갔던 1997년 5월의 일입니다. 우리 나이로 중학교 2학년 정도의 소년 뱃사공이 노 젓는 배를 타고 강을 건너니 아보촌 대주둔 발해 유적이 나오더군요. 화산 암반으로 이루어진 대주둔 유적은 양떼 목장 위에 자리 잡은, 발해 시대 지배자들의 공동 무덤입니다.

대주둔에는 한 구덩이에 주인공을 묻고 그 옆에 몇 명의 사람을 순장하는 다인장(多人葬) 무덤이 많습니다. 이것은 발해 지방 사회에서 여러 명을 한꺼번에 묻는 장례 풍습이 행해졌음을 말해 줍니다. 중앙의 매장 방법과는 아주 다르지요. 이처럼 지방에서 순장이 행해진 것은 정혜 공주나 정효 공주 무덤처럼 돌방 안에 돌사자를 두거나 벽화를 그려 넣는 중앙의 선진 문화가 지방까지 충분히 퍼지지 못했기 때문이라고 봅니다. 아직 충분히 연구되지 않았지만 발해의 지방 문화는 중앙과 많이 달랐던 듯합니다.

발해는 불교의 나라라고 할 정도로 불교 신앙이 깊었습니다. 그런데 불상 형태를 보면 지역에 따라 다릅니다. 상경성 지역에서는 지혜와 자비를 나타내는 관음 보살상이 유행했지만, 훈춘 시 동경 용원부 일대에는 석가모니 부처와 다보 부처를 함께 모신 부처 조각이 많습니다. 현세 세상을 대표하는 석가모니 부처와 과거 세계를 주관

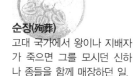

순장(殉葬)
고대 국가에서 왕이나 지배자가 죽으면 그를 모시던 신하나 종들을 함께 매장하던 일.

경산 임당동 순장 무덤

하는 다보 부처를 함께 모신 것은 불교 사상 가운데 법화 신앙을 숭
배했기 때문으로 보입니다. 이처럼 모신 불상의 형태가 다르다는 것
은 주민 집단들 사이에 믿었던 불교 신앙이 달랐음을 말해 줍니다.
그러니까 발해의 불교 신앙은 중앙과 지방에 따라 조금씩 차이가 있
었군요.

　중앙과 지방의 문화가 이런 차이를 보이는 이유는 무엇일까요? 아
마도 발해가 지방을 직접 지배하지 못했기 때문이라고 여겨집니다. 지
방에 사는 백성들 대부분이 말갈 사람이었으니, 그들을 다루기가 좀처
럼 쉽지 않았겠지요.

1985년 어느 날, 니콜라예프카 성터 안에서 물고기 모양의 작은 조각품이 발견되었다. 어린아이 손가락 길이만한 청동 부절이었다. 부절(符節)은 주몽과 유리왕이 나눠 가진 칼처럼 상대방의 신분을 확인하기 위한 신표(信標 : 믿음의 표시로 만든 물건)이다. 현재 남아 있는 것은 부절의 왼쪽 부분인데, 이것을 오른쪽 부절과 합하면 '합동(合同)'이란 글씨가 세로로 완성된다.

그렇다면 이 부절의 주인은 누구일까? 부절의 뒷면을 보면 그 의문을 풀 수 있다. 뒷면에는 '좌효위 장군 섭리계(左驍衛將軍聶利計)'라는 글이 쓰여 있다. '좌효위 장군'이란 당과 발해의 관직 이름으로 서열이 두 번째 높은 자리이고, '섭리계'는 사람 이름이다. 섭리계의 '계'자는 발해 사람들 이름에서 흔히 볼 수 있는데, 대부분 말갈 피를 받은 사람에게 붙인 이름

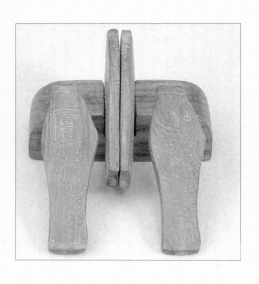

'좌효위 장군 섭리계'의 이름
이 새겨진 청동 부절 모형

이다. 그렇다면 섭리계는 말갈 출신으로 발해 장군을 맡았던 사람임이 분명하다. 그는 그 옛날 언젠가 이 성으로 부임해 와서 발해 변방을 경계하는 임무를 수행했을 것이다.

연구 결과 니콜라예프카 성은 발해 동경 용원부 안에 있던 정리부(定理府)로 밝혀졌다. 러시아 블라디보스토크에서 북쪽으로 400킬로미터 떨어진 곳에 니콜라예프카 마을이 있고, 사람 발길이 한적한 곳에 거대한 성 하나가 있다. 이른바 니콜라예프카 성 유적으로 천 년 전

모습을 그대로 간직하고 있다. 성벽을 오르면 15만 평 가량의 넓은 성터가 한눈에 들어온다. 성벽은 대부분 허물어졌지만 돌을 쌓고 흙을 다진, 무척 견고한 토성이다.

러시아 학자로 발해사 연구에 평생을 바친 샤프쿠노프 박사(2003년 사망)는 이 성터 곳곳에서 아직도 발해 유물들이 나온다고 말했다. 지금부터 1300년 전 발해 사람들이 처음 이 성을 지었을 때, 성 둘레는 4킬로미터, 성벽 높이는 10미터였다. 해자와 옹성, 치(3권 고구려 편 9장 참고)까지 설치해 놓은 니콜라예프카 성은 적군이 감히 넘볼 수 없는 철옹성이었다. 해자에는 아직까지 물이 담겨 있다. 발해의 손길이 지금의 러시아 일대에까지 뻗쳤던 것이다.

니콜라예프카 성터 서문 터(위쪽)와 동문 바깥의 해자(아래쪽)
지금도 그대로 남아 있는 해자에는 아직도 물이 채워져 있다.

섭리계는 중앙에서 사자가 오기를 기다렸다가 그가 가지고 온 부절과 자신의 부절을 서로 맞춰 본 뒤 군사를 동원하여 발해와 대적하고 있던 족속들을 정벌하러 나아갔을 것이다.

발해 관련 자료 어디에도 나오지 않았던 섭리계라는 인물이 세상에 알려진 것은, 성에 놀러온 학생들이 우연히 청동 부절 한쪽을 발견한 덕분이다. 그것은 발해 시대의 한 인물뿐만 아니라 발해 사회를 이해하는 데 매우 중요한 정보를 제공해 주었다. 여러분도 어떤 문화 유적지에 가면 주위를 유심히 관찰하는 자세, 잊지 않기를 바란다.

하늘에서 내려다본 **니콜라예프카 성터 모습**
성터 전체의 모습은 사다리꼴에 가깝다.

아! 그렇구나 솔빈부를 아시나요?

솔빈부(率賓府)는 발해의 지방 조직 가운데 가장 중요한 15부 가운데 하나였다. 기록을 보면 솔빈부는 화주, 익주, 건주 등 세 개 주를 통치했다. 현재 러시아 우수리스크 시가 발해 솔빈부가 있던 곳이다.

블라디보스토크에서 북쪽으로 70킬로미터쯤 떨어진 곳에 우수리스크 시가 있고, 이 곳에 유즈노 우수리스크 성터가 있다. 도시 가운데에 있어서 지금은 많이 파괴되었지만 북쪽 벽을 따라 파여 있는 해자는 옛 모습 그대로이다.

성 남쪽에 흐르는 라즈돌나야 강은 얼마 전까지도 수이푼 강이라 불렸는데, '수이푼'은 '솔빈'이란 발음에서 변한 말이다. 또한 이 도시에서 발견된 돌에 돌궐 글자로 '슈우빙' 또는 '슈바이빙'이라고 새겨져 있어 이 곳이 솔빈부였음을 뒷받침해 준다.

솔빈부는 발해 수출품 가운데 가장 인기 있었던 말[馬]로 유명한 곳이다. 5000리 벌판을 한걸음에 내달리던 발해 말들은 아주 유명했는데, 솔빈부가 바로 발해 명마의 고장이었다. 솔빈부에서 기른 말은 발해 명물 가운데 하나로 꼽혔으니, 중국에 수출되어 안록산 같은 인물이 반란을 일으키는 데 중요한 기반이 되었을 것이다.

고대 시대에 말은 전쟁 중 기병과 물자 수송에 반드시 필요한 국력의 상징이었다. 그렇다면 발해의 강한 힘 역시 이 곳 대초원에서 뛰놀던 말 무리

에서 나왔다고 해도 지나치지 않겠다. 그래서인지 연해주의 발해 성터에서는 말뼈가 많이 발견된다. 아마도 이 말들은 물건을 나르거나 병사들이 타는 것말고 식용으로도 사용된 건 아닐까?

상경성 바깥성 북벽에서 풀을 뜯고 있는 노새 발해가 명마의 고장이었음을 연상시킨다.

발해 문화가 북방에서 피어난 이유

무왕이 영토를 확장하고 문왕이 제도를 확립한 뒤, 열 번째 임금에 오른 선왕은 적극적으로 영역을 확장하여 고구려 옛 땅을 대부분 되찾았다. 영토가 한반도 북부와 만주, 연해주에 걸칠 정도로 발해는 우리 역사상 가장 방대한 영토를 가진 대제국이 된 것이다.

발해 영토의 중심은 만주 동부 지역이었다. 발해 유적과 유물이 발견된 장소를 파악하고 외국 기록들을 꼼꼼히 검토해 본 결과, 발해 영토는 랴오둥에서 랴오허를 중심으로 북으로는 쑹화 강 일대를 지나 헤이룽 강, 곧 흑수 지역에 이르며, 동으로는 흑수말갈과 붙어 있는 지금의 연해주 일대까지로 파악되었다. 통일신라 땅이 가로 1000리, 세로 3000리라 한 것보다 여덟 배 이상 크고, 고구려가 동서 3100리, 남북 2000리라 한 것보다 두 배나 큰 영토이다. 그런 의미에서 발해는 대제국이었다.

전체적으로 발해는 북위 43도 위치에 있어 위도상 매우 북쪽에 위치했다. 발해가 있었던 지역(현재 중국 지린 성과 헤이룽장 성 일대)은 가을만 되어도 날씨가 무척이나 춥다. 이렇게 추운 지역에 위치한 발해 땅에서 성대한 문화가 꽃필 수 있었던 이유는 무엇일까?

학자들은 발해가 추운 지역에 있으면서도 넓은 영토와 뛰어난 문화를 누리게 된 이유를 찾던 중 뜻밖의 사실을 알게 되었다. 발해가 있던 시기의 지구 기온이 매우 따뜻했다는 사실이다. 발해 시대에는 지구가 온난기에 해당하여 농경이나 목축이 가능한 북방 한계선이 북쪽으로 올라갔다고 한다.

8세기는 세계 각 지역에서 문화가 꽃핀 시기이다. 멀리 유럽 대륙에서는 바이킹이 북해 연안에서 활약했고, 당나라 문화가 무르익었으며, 통일신라가 가장 번성했으며, 일본의 나라 시대에 텐표(天平 : 천평) 문화가 활짝 핀 것 모두 8세기

마리야노프카 성터 발해 유적 가운데 가장 북쪽에 있는 성터로, 연해주 위쪽에 있으면서 마치 바다처럼 넓은 호수 미타호(湄沱湖), 그 동쪽의 우쑤리 강 연안 마리야노프카 평지에서 발견되었다. 미타 호에서 잡히는 붕어는 발해 특산물로 중국에까지 소문이 자자했으며, 마리야노프카 성터에서는 불사조가 새겨진 뼈 장식 등 발해 시대의 여러 유물이 나왔다.

에 일어난 일이다. 이처럼 세계 문화가 꽃피게 된 현상은 모두 온난기 기후와 연관 있다고 한다. 무슨 말일까?

기후가 따뜻하면 농사가 잘 되어 수확량이 늘고, 먹고 살 양식이 풍부해지면 인구가 늘어난다. 그 사람들이 다시 농사를 지으면 나라 살림이 풍요로워지고 백성들은 더욱 편안한 생활을 누릴 수 있다. 날씨가 따뜻했기 때문에 발해 사람들은 구태여 남쪽 지방으로 내려가지 않더라도 생업에 지장이 없었을 것이다.

온난기에는 지금의 하얼빈과 창춘(長春:장춘) 일대의 평야가 저습 지대로 변해 사람이 살기에 적합하지 않았다고 한다. 때문에 발해는 평야 지대를 놔두고 지린 성 동쪽 산간 지대에 나라를 세웠다. 이것이 만주에서 일어난 왕조 가운데 발해만이 유일하게 남쪽 지방으로 내려가지 않은 이유 가운데 하나이다.

다른 쪽에서 생각해 보면, 발해가 두려워한 나라는 당나라였다. 때문에 대조영이 발해 왕조를 세울 때부터 당나라의 힘이 미치기 힘든 먼 땅에 나라를 세운 것이다. 발해 왕조 내내 당나라의 힘이 강했기 때문에, 좀더 따뜻한 아래쪽으로 내려가면 당나라의 통제를 받을까 두려웠던 것은 아닐까?

해동성국의 참모습　**117**

4

대륙으로 바다로 다섯 길을 열다
발해의 대외 관계

나라 밖 가는 길

용원(龍原:동경 용원부, 현재 훈춘)의 동남쪽 바다는 '일본 길'이고, 남쪽 바다는 '신라 길'이다. 압록(鴨淥:서경 압록부, 현재 린장)은 '조공 길'이고, 장령(長嶺:장령부, 현재 휘파허(휘발하) 유역)은 '영주 길'이며, 부여(扶餘:부여부, 현재 지린 성 눙안)는 '거란 길'이다. (《신당서》〈발해전〉에서)

발해 5도를 아시나요?

발해는 넓은 땅을 효율적으로 관리하기 위해 도로를 잘 닦았습니다. 특히 주변의 당나라, 신라, 일본, 거란 등과 왕래하고 무역을 하기 위해 교통로를 개설했습니다. 발해 5도가 바로 그것입니다.

다섯 개의 주요 교통로는 3대 임금 문왕 때에 만들어졌습니다. 당시 동아시아에서 가장 강력했던 당나라와는 육로와 바닷길을 모두 이용하여 교류했습니다. 육로는 영주(현재의 차오양 시)를 거쳐 중국 대륙으로 들어가는 '영주도', 곧 영주 길인데 장령부(長嶺府)에서 출발했습니다. 이 길은 처음 대조영이 발해를 세우고 중국과 교류할 때 개척한 도로라고 할 수 있지요. 바닷길은 해마다 중국에 조공을 바칠 때 통과하는 '조공도', 곧 조공 길입니다.

여기서 궁금한 문제가 생겼습니다.

발해는 독자적으로 연호를 쓰고 황제라 칭했으면서 왜 중국에 조공을 바쳐야 했을까요? 중국측 기록에 따르면, 발해는 20여 년 동안 1~3년 사이를 두고 당에 조공 사신을 보냈다고 합니다. 이를 근거로 중국 학자들은 발해가 당나라의 '지방 정권' 또는 '복속된 나라'였고, 조공은 신하의 예를 표한 것이라고 주장합니다.

그러나 고대 동아시아 지역에서 조공은 나라 사이에 공식적으로 이루어지던 무역이나 교류, 그리고 외교적 승인(인정)을 위한 형식상 절차일 뿐이었습니다. 그런데도 그들은 조공 문제를 내세우며 주변 나라를 지방 정권이니 복속된 나라라고 그릇된 주장을 하지요.

조공 길의 출발은 서경 압록부(鴨淥府)였는데, 발해는 이 조공 길을 이용해 담비 가죽과 말 등 발해 특산물을 교역했습니다.

발해는 또 신라와 교류하기 위해서 '신라도', 곧 신라 길을 두었습니다. 신라 길은 함경 남도 북청에 있는 청해 토성에 위치한 남경 남해부에서 나와 육지로 함경도를 거쳐 강원도로 내려가는 길입니다.

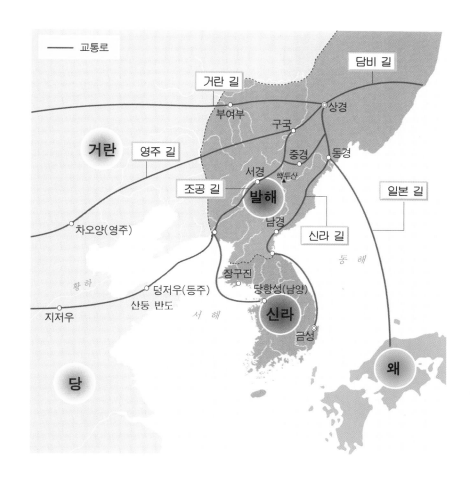

교통로

담비 길

거란 길

상경

부여부

거란

영주 길

구국

중경

동경

서경

조공 길

백두산

발해

차오양(영주)

남경

일본 길

신라 길

동 해

황 하

장구진

덩저우(등주)

당항성(남양)

산둥 반도

지저우

서 해

신라

금성

당

왜

발해 5도

뒤에 자세히 보겠지만, 이 길에는 39개의 역을 두어 말을 갈아탈 수 있게 했습니다.

일본으로 가는 '일본도', 곧 일본 길은 동경 용원부에서 나와 러시아 연해주의 염주(포시에트 만)를 거쳐 동해 바다를 건너는 길입니다. 또 '거란도', 곧 거란 길이 있었는데, 옛날 부여가 있던 지린 지방 부여부에서 시랴오허(西遼河 : 서요하) 상류로 향하는 길입니다.

이러한 여러 교통로를 통해 많은 사신과 장사치들이 오갔습니다.

조공 길을 이용해서는 당나라와 조공 형태로 130여 차례의 왕실 무역을 했고요. 발해는 발해 5도를 통해 사신과 함께 무역할 수 있는 장사치를 보내 담비 가죽과 말을 비롯하여 매, 철 같은 특산물을 수출하고, 또 각 나라의 특산물을 가져오곤 했습니다. 따라서 발해 5도는 발해의 특산물을 수출하는 무역로이기도 했던 셈이지요.

하얼빈 731부대 옆 발해 길
하얼빈 시 외곽 공항 부근에 731부대 유적이 있는데, 그곳에 가다 보면 '발해로' 표지판이 보인다. 지금도 중요한 교통로지만 발해 시대에도 북쪽으로 통하는 중요 교통로로 이용되었을 것이다.

신라 가는 길

신라의 국경 도시인 천정군(泉井郡:덕원)에서 발해 동경 용원부 사이에는 39개의 역이 늘어서 있었습니다. 30리마다 1개의 역을 두었으므로 천정군에서 책성부까지는 1170리로, 531킬로미터쯤 됩니다.

발해와 신라는 경계 지역에 '탄항 관문'이라는 교역 장소를 두고 두 나라의 교섭 통로로 삼았습니다. 본디 관문은 교통로의 경계 지점이나 길목에 있지만, 그 일대에서 경제 교역이 이루어지는 중요한 지역에 두었지요. 탄항 관문은 바로 신라 길이 통과하는 두 나라 국경 지대의 관문이었습니다. 발해에서 출발한 사람들은 탄항 관문을 지나 마침내 신라 땅으로 들어오고, 여기서 다시 동해안을 따라 경주로 향했겠지요.

문헌 기록을 보면, 신라 길을 처음 이용한 사람은 당나라 사신 한조채였습니다. 그는 발해에 사신으로 갔다가 다시 신라로 갔는데, 이 때 신라 길을 이용한 것으로 보입니다. 그 뒤 원성왕 때 신라는 일길찬(一吉湌) 자리에 있던 백어를 발해에 파견합니다. 이 때에도 이 길을 이용했겠지요.

발해에서 신라로 가는 출발 지점은 남경 남해부라고 하는데, 그 곳은 어디일까요? 대체로 발해와 신라는 니하*를 경계로 삼았습니다. 그 일대에 북청 지방이 있고 발해 시대 토성인 청해 토성이 있습니다. 우리 학계에서는 이 성을 발해 5경의 하나인 남경 남해부 자리로 추정합니다. 따라서 신라 길은 자연스럽게 북청에서 출발하는 동해안 길을 택했을 것입니다. 이 남경에서는 곤포(昆布:다시마)가 유명했고, 부근의 옥주에서는 면(綿)이 발해 특산물로 유명했습니다.

북청 청해 토성
북청에는 북청 토성 또는 청해 토성이라 불리는 흙으로 쌓은 발해 성이 남아 있다. 청해 토성은 평야 지대에 자리한 평지 토성으로 성 안이 바둑판 모양으로 구획되어 있고, 우리 나라 특유의 온돌 장치가 발견되었다. 북청 지역은 발해 당시 신라와 접경한 지역으로 발해의 국방상 중시된 곳이다. 성 둘레가 1670미터이고, 성 안에서 치와 망대 같은 시설물이 확인되었다.

발해와 신라는 사이가 안 좋았다?

"발해와 신라 두 나라는 대체로 사이가 좋지 않다."
이것은 초등 학교 6학년 1학기 사회 교과서에 나오는 내용입니다.

니하(泥河)
원산에서 조금 위쪽에 있는 용흥강(龍興江:금야강)을 말한다.

발해가 왕조를 유지한 230여 년 간(698~926년)은 통일신라가 있었던 기간(676~935년)과 거의 일치합니다. 이 기간에 발해는 북쪽에, 신라는 남쪽에 있으면서 서로 국경을 맞대고 있었지요. 두 나라는 동쪽으로 니하를, 서쪽으로는 대동강 유역을 경계로 삼았습니다.

그렇다면 이 오랜 기간 동안 두 나라는 어떤 관계였을까요? 《삼국사기》에서는 발해에 대한 기록 자체가 삭제돼 단지 두 건의 자료만 확인할 수 있습니다. 신라 원성왕 6년(790년) 3월에 일길찬 백어를 북쪽 나라(발해)에 보냈다는 사실과, 헌덕왕 4년(812년) 9월에 급찬 숭정을 북쪽 나라에 보냈다는 내용입니다. 때문에 그 동안 많은 사람들이 두 나라 사이에는 대립과 갈등만 있었다고 보았습니다.

그러나 이것은 잘못된 생각입니다. 상식적으로 생각해도 아주 특별한 이유 없이 200여 년 동안 두 나라가 오로지 적대 관계만 유지했다는 것은 납득하기 어렵지요. 고대 사회에서나 지금이나 여러 나라의 외교 관계는 힘의 강약을 바탕으로 친선을 꾀하다가도 서로 대립하는 것이 순리이니까요. 어떤 사람은 당나라의 이이제이 정책 때문에 두 나라가 대립했다고 보기도 합니다. 그러나 당나라는 안록산의 난(755년)을 시작으로 점차 힘이 약해졌기 때문에, 발해와 신라의 관계를 어찌하지 못했을 거라고 생각합니다.

그러면 왜 이런 편견을 가지게 되었을까요? 불행하게도 우리에게는 두 나라의 관계를 살펴볼 마땅한 자료가 없습니다. 발해가 멸망한 뒤 발해 지역은 황폐화되었고, 곧바로 이어진 왕조가 없어 발해 역사를 정리할 담당자조차 없었지요.

우리가 어떤 나라, 하나의 왕조에 대해 제대로 알기 위해서는 그

무역 · 교통로

쑹화 강

부여부

상경

구국

동경 용원부

중경 현덕부

서경 압록부

랴오허

발 해

39개 역(驛)

동경 용원부에서 신라 국경까지 말을 갈아탈 수 있는 역 설치

요동성

서안평

남경 남해부

신라 천정군(泉井郡)
(함경 남도 덕원군)

덩저우

장구진

우산

당항성

신 라

동 해

서 해

금성

울산

영암

탐라

하카타

일 본

신라 길

다음 나라나 왕조에서 해당 시대 역사를 기록한 자료가 있어야 합니다. 발해의 경우는 계승자가 없어서 기록 자체가 불가능했지요. 더구나 발해 사람들은 발해가 망하고 2년 뒤(928년) 거란에 의해 랴오둥 반도 지역으로 강제 이주당했고, 수도였던 상경성마저 큰 화재로 불에 타 남아 있던 자료가 모두 사라져 버렸습니다. 자료를 보존할 겨를이 없었지요. 따라서 대체적인 상황만 추론해 볼까 합니다.

기본적으로 신라는 신라 길을 따라 발해에 여러 차례 사신을 파견했습니다. 발해 또한 마찬가지였겠지요. 이렇게 항상 다닐 수 있는 교통로가 있었다면 두 나라는 훨씬 더 많이 접촉했겠지요.

두 나라 사이에 '신라 길'이라는 교류의 길이 열려 있었으니 서로 대립 관계만 있었다고 보는 것은 문제가 있습니다. 게다가 당나라 덩저우에 신라관과 발해관이 나란히 설치되었던 점이나, 발해 지배층에 신라 계통 성씨인 박씨와 최씨가 나타나는 점도 두 나라 사이가 좋았음을 말해 줍니다. 곧 두 나라 사이에는 대립이나 세력 경쟁 못지않게 교류도 잦았다고 할 수 있습니다.

경쟁하며 교류하다 – 신라와의 교류

발해와 신라 두 나라는 같은 계통의 민족이라고 생각하면서도 시간이 흐르면서 서로 경쟁하게 되고 대립과 갈등이 생깁니다. 특히 두 나라의 세력이 뒤바뀌면서 활발한 교류를 지속하기 어려운 분위기가 됩니다. 하지만 여기서 조심스럽게 생각해야 할 점이 있습니다. 이 시기에 신라와 발해가 결정적으로 대립하는 모습이 보이지 않는다는 사실입니다.

비록 신라가 발해의 남쪽 진출에 대비해 성을 쌓는 일이 잦았지만, 결코 삼국 통일 당시 만들어진 국경을 넘어가지는 않았습니다. 발해도 그 남쪽으로 내려가지 않았고요.

우리는 당나라의 요구 때문에 신라와 발해가 한 차례 전쟁을 치른 것말고는 서로 이렇다 할 전쟁을 전혀 안 했다는 점을 잊지 말아야 합니다. 이것은 아마도 두 나라 백성들과 지배자들에게 막연하지만 같은 계통의 민족이라는 의식이 있었기 때문이 아닐까요?

그럼, 왕들을 따라가면서 발해와 신라의 관계를 살펴보겠습니다.

고왕 대조영 때는 발해가 막 나라를 세우고 기틀을 다지던 시기입니다. 그 당시 신라는 발해보다 우월한 위치에 있었지만, 당나라와 관계가 원만하지 않아 발해 사신을 적극 받아들였고, 사이 또한 좋은 편이었습니다. 이 때 신라는 대조영에게 대아찬(신라 관리들의 관직 가운데 다섯 번째 높은 자리) 벼슬을 내리고 진골 귀족으로 우대했습니다.

두 번째 임금 대무예는 무왕(武王)이란 이름으로 불린 것처럼 영토를 넓히는 데 힘썼습니다. 무왕은 만주 동부 지역의 말갈족들을 정복하고 남쪽으로 진출하여 동해안 지역에서 신라와 만납니다. 신라는 발해의 남쪽 진출을 막고자 721년(성덕왕 20년) 7월에 하슬라 땅(강릉)의 건장한 남자 2000명을 뽑아 북쪽 경계 지역에 장성을 쌓았습니다. 때마침 흑수말갈이 당나라와 결탁해 발해는 위태

신라의 미소를 닮은 발해 석불상
러시아 크라스키노 성터 안에서 발굴된 석불상은 다른 발해 불상들과는 달리 부드러운 미소를 머금고 있다. 혹시 신라와의 교류 과정에서 그 곳에서 들여온 것이 아닐까? 그렇다면 이 불상은 발해와 신라의 문화적 교류를 증명할 수 있는 중요한 자료가 될 것이다.

로운 상황에 빠집니다. 이 때 당나라가 신라에게 군대를 요구했고, 신라는 할 수 없이 네 명의 장군을 보내 발해를 공격합니다. 두 나라는 전쟁 상태에 들어가고 사이가 더욱 나빠집니다.

세 번째 임금 문왕 대흠무는 정복 활동이 어느 정도 완성되자 도읍을 상경성으로 옮기고 나라 살림에 힘을 기울입니다. 이에 따라 신라는 발해에 대한 경계심을 늦출 수 있었지요. 이 때쯤 발해와 신라 사이에 교류를 위한 신라 길이 만들어졌을 것으로 보입니다. 문왕이 왕위에 오른 지 28년 되던 해, 당나라 사신 한조채가 발해 땅을 거쳐 신라로 갔습니다. 물론 신라 길을 따라서 갔지요. 이보다 26년 뒤 신라 조정에서는 백어를 발해에 사신으로 보내는데, 역시 신라 길을 따라서 왕래했겠지요. 이처럼 문왕 때에는 두 나라 사이에 활발한 교류가 이루어졌을 것입니다.

네 번째 임금 대원의에서 아홉 번째 임금 간왕 대명충에 이르는 시기는 짧은 기간에 왕이 여러 번 바뀌었습니다. 발해 왕실에 내분이 일어나 왕이 자주 바뀌다 보니 자연히 나라 힘도 약해졌지요. 그러나 이 때도 발해는 당나라, 일본, 그리고 신라에 사신을 파견하는 등 교류를 계속해 나갔습니다.

여섯 번째 임금인 강왕 때에는 여정림을 일본에 사신으로 보냈습니다. 3년 뒤 일본에서 발해 왕에게 6년에 한 번씩 사신을 보내라고 말했다가, 다음 해에 곧바로 아무 때나 보내도 좋다고 말할 정도로 사신 왕래가 잦았지요. 여덟 번째 임금인 희왕 때에는 신라가 숭정을 발해에 사신으로 보낸 사실도 있습니다.

열 번째 임금 선왕 대인수가 왕위에 오르면서 발해는 해동성국으로 불릴 정도로 성장한 반면, 신라는 귀족들의 내분으로 점점 혼란에 빠져듭니다. 선왕은 신라와 랴오둥 지역을 공격하여 약탈하기도 했지요. 따라서 두 나라 사이는 긴장과 갈등이 계속된 것으로 보입니다. 그래도 이 무렵 두 나라는 서로 교류 관계를 이어 갔습니다. 이 관계는 발해의 마지막 임금 대인선 때까지 이어집니다.

일본 가는 길

일제 강점기(1930년대)에 만주국 문교부는 발해의 상경성과 동경 용원부 유적(현재 지린 성 훈춘 일대) 조사에 나섰습니다. 이 과정에서 일본 고대의 화폐 와도카이친* 하나가 상경성에서 발견되었습니다. 일본 학자들은 모두 엄청난 흥분에 빠졌지요. 일본과 만주의 관계가 이미 발해 때부터 있었음을 말해 주는 실제 증거물을 찾았다고 생각했기 때문입니다.

일본 화폐가 발해 도성인 상경성 유적에서 나왔다는 사실은 분명 발해와 일본이 무역을 했음을 말해 주는 증거입니다. 이 화폐를 사용한 연대는 정확히 알 수 없지만, 발해가 상경성에 도읍했을 때(문왕 때 동경에 도읍했다가 780년대 후반 상경으로 옮김) 일본과 교류했다는 사실을 알려 줍니다. 문헌 기록에 나오지 않는 두 나라 사이의 교역 사실을 동전 하나가 말해 주는 셈이지요.

발해 사신이 일본에 한 번 다녀오는 데에는 6개월 이상 걸렸습니다. 출발 지점은 크라스키노 성으로 밝혀졌는데, 발해의 성 가운데

와도카이친(和同開珎)
708년 일본의 무장 지방에서 은광석이 발견되자 이를 조정에 헌상했다. 일본 조정은 이를 기쁘게 여겨 연호를 화동(和同)으로 고치고 화폐를 발행했는데, 이것이 일본 최초의 화폐인 와도카이친이다. 현재 이 화폐는 일본의 지바, 니가타, 후지야마, 오사카, 오이타 등 많은 지역에서 발굴되고 있다.

크라스키노 성터
크라스키노 성터는 두만강 삼각 지대 안에 속한다. 포시에트 항구를 끼고 엑스페디치야 만이 있는데, 그 맞은편 바닷가에 이 성터가 있다. 그러나 아쉽게도 이 지역은 늪지대로 변해 쉽게 접근할 수 없는 곳이 되어 버렸다. 성터 주위로 흐르는 강물의 옛날 이름이 얀치헤 강인데, 얀치헤는 염주하(鹽州河)라는 말에서 나왔다. 염주는 발해 동경의 관리 밑에 있었던 주(州)의 이름이다. 이 곳이 바닷가로 소금이 생산되었기 때문에 붙여진 이름일 것이다.

바닷가 근처에 위치한 유일한 성이지요. 일본으로 가는 사신들은 지금의 훈춘에 있는 동경 용원부에서 두만강을 통해 바다로 나가지 않고, 육지로 염주까지 와서 배를 탔다고 합니다. 항구와 가깝다는 지리적 위치뿐만 아니라, 성 안팎에서 발해 사람들의 무덤과 꽤 큰 규모의 절터, 그리고 기와 가마터가 발견되었기 때문에 크라스키노 성을 그 출발지로 봅니다.

동해를 가로질러 일본으로 가는 길이 발해의 일본 길입니다. 사신단 규모는 보통 105명 정도로 항구에는 큰 배가 정박했을 것입니다. 크라스키노 성을 출발한 발해 사람들은 포시에트 항구에서 배를 타고 바다를 건넜겠지요. 샤이가 성터에서 발견된 금나라 때의 도기(陶器)에 돛을 단 범선이 그려져 있는데, 아마 발해도 이러한 배를 이용

러시아 연해주 일대

했을 것입니다.

　그런데 1930년대에 만주국 문교부가 관동군 사령부와 함께 발해 유적을 적극적으로 조사한 이유는 무엇일까요? 일본은 고대부터 만주국과 밀접하게 교류했고, 만주 역사가 중국 역사와 다른 독자적인 역사라는 점을 증명하고자 노력했습니다. 한반도는 물론 만주 일대까지 차지하려 했으니, 만일 자기들이 만주를 차지할 경우 중국에서 남의 땅을 침략했다고 주장하지 못하게 하려는 속셈이었지요. 이 때 가장 좋은 방법이 만주 역사를 중국 역사에서 떼어 내 독립된 나라의 역사로 쓰는 것이었지요. 일본에서 만주를 차지해도 중국에서 무어라 말 못하게 말입니다.

　일본 학자들은 독자적인 나라 만주와 우리 나라, 그리고 일본이

떼려야 뗄 수 없는 관계임을 강조하기 위해 많은 글을 썼습니다. 한 마디로 일제 강점기에 행한 일본의 발해 연구는 그들의 만주 대륙 침략과 밀접하게 관련되었지요. 다시 말해 미개한 말갈족과 문화 국가인 당나라 및 고구려를 대비시켜 발해 역사를 설명함으로써, 문명 국가 일본이 미개 민족인 만주족을 개화시킨다는 식민지 지배 논리를 뒷받침하려 한 것입니다.

일본에 간 발해 사신

발해에서 일본으로 간 사절단은 모두 105명에 이릅니다. 발해의 염 주였던 크라스키노 성을 떠나 일본으로 가는 길은 900킬로미터에 이르는 여정으로, 도중에 풍랑을 만나 죽은 사람도 많았습니다. 발해 시대에는 3명의 대사가 목숨을 잃고 200명 이상이 재난을 당했습니다. 대개 발해 사신들은 가을부터 얼음이 얼기 전까지 대륙에서 불어오는 바람과 북쪽에서 흐르는 한류를 이용하여 바다를 건너갔습니다. 그리고 이듬해 여름이 되면 대양에서 불어오는 바람을 이용하여 귀국했지요.

지금부터 발해 사신 왕신복 일행을 따라 일본에 가 보겠습니다. 일본 후쿠라 항에 도착한 발해 사신의 최종 목적지는 나라의 수도 헤이죠쿄(平城京 : 평성경). 사신들은 후쿠라 항에서 여독을 푼 뒤 수도로 이동합니다. 후쿠라 항에 도착한 발해 사신 가운데 도읍으로 들어가는 사람은 20명 안팎이고, 나머지는 들어온 곳이나 출발 장소에 남습니다.

아! 그렇구나 발해와 일본의 외교 관계 변화

발해의 동경 용원부에서 일본을 잇는 일본 길이 있다는 사실로 보아 보아 두 나라는 교류가 빈번했을 것이다. 실제로 발해는 신라보다 일본과 훨씬 많이 접촉했다고 한다. 《속일본기》에는 발해가 일본에 35번(발해에서 34번, 동단국에서 1번), 일본이 발해에 13번이나 사신을 보낸 것으로 기록되어 있다. 이렇게 여러 번 사신이 오고 갈 때는 단순한 인사 차원이 아니라, 임금 사이에 중요한 약속을 하거나 귀중하면서도 서로 필요한 물건을 교환하는 자리를 만들었다.

나라와 나라가 서로 교류하려면 사람과 장사치들이 오갈 수 있는 교통로가 필요하고, 길목마다 숙박 시설과 말을 갈아탈 수 있는 역참(驛站)이 있어야 한다. 그리고 국경 지대에는 물건을 서로 사고팔거나 교환할 수 있는 관문(關門)을 둔다. 보기로 중국 산둥 성에는 사신이나 장사치가 묵을 수 있는 숙소인 발해관, 신라관을 두어 우리 나라 사람들이 중국 땅에 거주하면서 교역할 수 있는 마을을 운영하기도 했다. 일본에도 발해 사신이 묵을 수 있는 발해관이 있었을 것이다.

발해가 처음으로 일본에 보낸 사신은 낭장 고인의 고제덕 일행 24명이다. 이들은 가까스로 8명만 살아남아서 일본 천황에게 발해 왕의 글과 물건을 전했다. 일본에서는 답례로 비단을 주고 귀하게 대접했다. 이들보다 10년쯤 뒤에 간 서요덕과 이진몽 일행은 발해 왕의 선물을 주고 답례품을 받았을 뿐 아니라, 발해 음악을 일본에 설명하고 활쏘기 대회에 참관하는 등 문화 교류도 활발히 했다.

이러한 관계 아래 일본은 발해를 끌어들여 신라를 위아래에서 공격하려고 계획한다. 신라가 무례하기 때문이라 했지만, 실제로는 일본의 위기를 전쟁을 통해 벗어나려고 생각한 것이었다. 그러나 발해가 먼저 신라 공략을 포기하면서 그 계획은 없었던 일이 되었다. 그 다음부터 두 나라 사이에 오가는 사신은 서로 선물을 교환하고 사신을 따라간 사람들이 무역을 하는 관계로 이루어졌다. 특히 문화 사절단이 함께 따라가서 서로의 문화와 풍습을 소개하기도 했는데, 발해의 유명한 시인 왕효렴, 양태사의 경우가 그러하다.

발해와 일본의 교류는 처음에는 정치나 군사와 관련한 것이었지만, 점점 경제적이고 문화적인 면이 강해졌다고 볼 수 있다.

헤이죠규 터
8세기 일본의 수도였던 나라(奈良:나량) 북쪽에 있다.

헤이죠규(平城宮:평성궁)로 들어간 왕신복 일행은 일본 정부의 극진한 대접을 받습니다. 지금은 백화점으로 변한 동궁 저택 자리에서 발해 사신 왕신복이 첫 번째 만남을 갖는 순간입니다. 일본 정부는 동방 제국에서 온 귀한 사신을 대접하기 위해 특별히 13가지 직책을 만들었습니다. 궁궐로 안내된 그들은 일본 왕을 알현하고 국서를 전달하는데 그 내용은 다음과 같습니다.

발해 왕 무왕 대무예는 주변 여러 나라를 정복해 고구려 옛 터를 회복하고 부여의 풍속을 계승하였다. ……예부터 내려온 법도에 따라 이웃 나라와 교류를 돈독히 하고자 하노라.

황제의 나라다운 당당함이 엿보이는군요. 왕신복 일행은 국왕의

문서와 함께 고국에서 가져온 물건을 일본 왕에게 선물합니다. 사신들이 가져온 물건은 호랑이 가죽·담비 가죽 같은 가죽류와 산삼·꿀 등의 특산물이었습니다. 이에 일본 왕실에서는 그들에게 관직까지 내립니다. 발해 사신들은 대사(종 2품)에서 수령(종 5품)에 이르기까지 모두 일본의 귀족 지위를 얻는데, 그 가운데 가장 많은 것은 '대수령'입니다.

일본으로 간 '수령'들은 다른 일도 맡았지만, 대체로 일본과의 교역에서 중요한 구실을 한 것으로 보입니다. 수령을 중심으로 발해 사신들은 일본에서 무역을 전개했습니다. 첫날은 관리들과, 둘째 날은 수도 사람들과, 셋째 날은 시장 상인들과 거래했지요.

발해 사신들은 첫날 관 무역에서 일본 화폐로 40만 냥을 얻었습니다. 40만 냥은 어느 정도 가치가 있을까요? 당시 일본 화폐 와도카이친의 가치는 가장 높을 때는 700엔, 가장 낮을 때는 33엔이었습

뱃사공 28명　대수령 65명　천문관 1명　사생 2명　통역 2명　기록관 3명　판관 2명　부사 1명　대사 1명

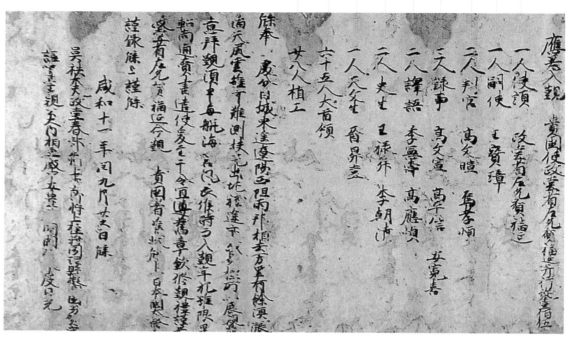

니다. 그렇다면 150엔으로 잡아도 40만 냥은 요즘 돈으로 6억 6000만 원입니다. 엄청난 액수지요?

왕신복 일행은 무역 거래를 한 뒤 도다이지(東大寺:동대사)에서 예불을 드립니다. 한편 발해에서는 일본으로 '중대성첩(中臺省牒)'이라는 외교 문서를 보냈습니다. 문서에는 당시 일본에 보낸 발해 사절단의 직책과 인원 수를 기록했습니다. '중대성첩'을 보면, 발해 사절단은 일본에 가서 대부분 일본 최고 귀족의 지위를 얻었습니다.

그 다음부터 시작될 발해 사신단의 활동 광경을 여러분도 한번 상상해 보세요. 분주한 가운데 활기 넘치는 그들의 모습이 떠오르지 않나요? 발해 사신이 일본에 간 기록은 모두 34차례. 일본에서는 발해 사신들이 너무 자주 왔기 때문에 도리어 번거로움을 피하려고 이들을 제한하는 조처를 여러 번 취하곤 했습니다. 그럼에도 불구하고 발해 사신을 자주 파견한 이유는 외교적인 문제보다 교역 때문이었다고 할 수 있겠지요.

등지느러미처럼 동해안 쪽으로 삐죽 뻗어 나온 노토 반도의 후쿠라 항구에 서 있으면, 거센 파도에 목숨을 맡긴 채 기진맥진 도착했을 발해 사신단의 모습이 떠오릅니다.

당나라 가는 길 – 조공 길

상경성에서 백두산으로 가는 길은 발해 때에도 조공 길로 불린 중요한 교통로였습니다. 발해 사신들이 당나라로 가면서 밟은 길이지요. 당시 이 길을 '조공하는 길'이라고 불렀습니다. 수도였던 상경성에서 출발하여 남서쪽으로 600리 가면 중경 현덕부가 있던 서고성에 이릅니다.

지금은 연변에서 백두산 가는 길을 따라가다가 서고성에 들를 수 있습니다. 그 옛날 누군가가 그랬던 것처럼 〈선구자〉를 부르며 해란강을 따라 용정을 지나면, 백두산 가는 길목에서 또 하나의 발해 수도 중경이 있던 서고성을 만날 수 있지요. 논으로 변해 성벽 흔적만 덩그러니 남아 있지만, 이 곳에서 가까운 용두산에는 정효 공주를 비롯한 여러 왕실 사람들이 묻힌 무덤 떼가 있습니다.

서고성은 투도(豆道:두도) 평야 한복판에 있습니다. 이 곳의 흙은 검은빛이 날 정도로 매우 기름져 발해 시대 이래 농사가 잘 되었지

서고성 서벽
왼쪽에는 발해 시대 중경 현덕부가 있던 서고성이 자리하고 있고, 북벽을 따라 그 주변으로 투도 평야가 펼쳐져 있다. 이 도로를 따라가면 백두산에 이른다.

요. 이 곳에서 옛날 안투(安圖:안도)에 속해 있던 쑹장(松江:송강)을 지나고 푸쏭(撫松:무송)을 거쳐 지금의 린장 진에 있던 발해의 서경(西京)에 다다를 수 있습니다. 서고성에서 이 곳까지의 거리는 400리쯤 됩니다.

조공 길 가운데 발해 시대의 중요한 유적은 동청(東淸)에 있습니다. 안투 현 영경향 고동하에서 발굴된 동청 무덤은 조공 길을 맡아 다스리던 지방 세력가들이 묻힌 곳입니다. 동청 유적은 당시 이 마을에 사람들이 왕래하면서 숙박하고 말을 갈아탄 시설이 있었음을 보여 줍니다. 동청 마을은 안투(안도)→쑹장(송강)→둔화(돈화)로 이어지는 도로가 서로 만나는 교통의 요지로, 발해 시대 조공 길의 하나였지요. 또 무덤 부근에서 평지 성터와 건물 터가 조사되어 동청 마을은 지방의 지배자들, 곧 조공 길을 오가는 사람들을 관리하는

수령이 살던 곳으로 여겨집니다.

앞에서 보았듯이 발해는 외교적인 국가로 인정받기 위해 당나라에 조공 사신을 보냈고, 그 때 발해 특산물을 바치거나 시장에서 교역을 했습니다. 발해가 당나라에 조공을 바치고 시장에서 물건을 교역하기 시작한 것은, 대조영이 자신의 아들을 보내 당나라 현종의 허락을 받은 때(713년)부터입니다.

발해 사신을 따라간 장사치들은 담비·호랑이·표범·곰·말곰·토끼·쥐 들의 가죽과, 인삼·우황·백부자(白附子)·사향·꿀 들의 약재, 고래·마른 문어·매·말·양·베〔布〕·비단(綿·紬)·구리 들을 시장에서 교역했습니다. 한편 당나라에서는 주로 여러 종류의 비단과 금·은으로 만든 그릇을 가져왔지요. 특히 발해의 명마는 덩저우(登州:등주)와 칭저우(青州:청주)에서 많이 거래되었다고 합니다.

발해의 또 다른 길 – 담비 길

블라디보스토크에서 280킬로미터쯤 가면 야누치노 구역에 있는 노보고르데예프카 성이 나옵니다. 이 곳 강가에 솟아 있는 야산 성터에서 은화가 하나 발견되었지요. 그 은화 앞면 왼쪽 위에 아랍 어로 '알마흐디'라고 새겨져 있는데, 알마흐디는 8세기 아랍 왕의 이름입니다. 가운데에 왕관이 있고, 그 옆에 중앙 아시아 언어인 소그드 어로 글씨가 새겨져 있습니다. 발해 성에서 발견된 은화는 같은 시대 중앙 아시아 사마르칸트에서 사용된 은화와 아주 비슷합니다. 이것은 무엇을 뜻할까요?

청동 장식품을 제작한 노보고르데예프카 성 밖 취락지에 분명 이

노보고르데예프카 성터
성터에서 야금(冶金)과 관련된 유물이 많이 발견되어 발해 시대에 수공업이 발달했던 곳으로 여겨진다.

방인들이 와 있었다는 얘기가 아닐까요? 성 밖 취락지 유적에서 발견된 토기에는 1세기 무렵 중앙 아시아에서 사용한 것과 비슷한 문양이 새겨져 있기도 했습니다. 그렇다면 이 곳에서 발견된 은화가 중앙 아시아 은화일 가능성이 높겠지요? 실제로 연구자들이 기록과 사진 등 여러 자료를 비교 분석한 결과, 이 은화는 발해 시대인 8세기에 제작되었고 멀리 중앙 아시아에서 건너왔음이 밝혀졌습니다.

'알마흐디'라는 이름이 쓰여 있다.

왕관의 모습

'부하라의 군주, 차르'라는 뜻의 소그드 말이 쓰여 있다.

소그드 화폐(은화)
중앙 아시아에서 건너온 것으로 밝혀진 8세기 무렵의 은화(앞면).

러시아 학자들은 이 은화를 근거로 기록에 나오는 발해의 다섯 교통로말고 가장 북쪽에 '담비 길'이 또 하나 있었다고 봅니다. 러시아의 발해 전문 연구자였던 샤프쿠노프 박사는 담비 길이 중앙 아시아에서 발해까지 연결되었고, 나아가 신라와 일본에까지 이어졌다고 주장했습니다. '담비 길'이란 이름은 이 길을 통해 담비 가죽이 많이 거래되었기 때문에 붙여졌으며, 이 길을 건설한 사람은 소그드 사람일 거라고 보았지요.

그는 또한 발해에서 발견되는 유물 가운데 중앙 아시아적 요소가 보이는 것도, 조로아스터 교가 일본으로 전파된 것도, 모두 이 길을 통해서였다고 주장했습니다.

24개 돌 유적의 비밀

강동 24개 돌 유적은 한 줄에 8개씩 모두 24개의 돌이 가지런히 놓인 독특한 형태이다. 언뜻 보기엔 주춧돌과 비슷하지만 땅 위에 높이 솟아 있어 일반적인 주춧돌과는 다르다. 돌의 크기는 폭 80센티미터, 높이 80센티미터로 24개가 거의 일정한 편이다. 한 가지 더 특이한 점은 돌 윗면에 홈이 파여 있다는 사실이다. 그렇다면 강동 24개 돌의 정체는 무엇일까?

일반적인 주춧돌의 간격이 2.5~3미터 정도인 데 비해 이 돌들의 간격은 1.4미터로 상당히 짧은 편이다. 게다가 주춧돌 위에 기둥을 직접 세우는 형태가 아니라 주춧돌 위에 목재를 수평으로 뉘어서 쌓는 귀틀집 형태로, 돌에 나 있는 홈은 목재를 끼우기 위한 용도이다.

24개의 주춧돌을 세운 뒤 그 위에 수평으로 나무를 놓아 틈을 메워 바닥을 만든다. 나무로 촘촘히 벽체를 세우고 기와로 지붕을 얹는다. 이것이 강동 24개 돌 유적의 원래 모습이었을 것이다. 그렇다면 이 건물의 용도는 무엇이었을까?

주춧돌이 땅 위에 솟아 있고 유난히 좁은 간격으로 배치된 것으로 보아 무거

강동 24개 돌 유적 돌 윗면에 직사각형의 홈이 파여 있어 나무 목재를 옆으로 올려놓았을 것으로 보인다. 24개의 주춧돌 위에 나무로 바닥을 깔고 벽체를 만든 뒤 기와를 얹어 건물을 지었다.

운 짐을 넣어 두는 건물이었을 가능성이 높다. 그런데 5세기 고구려의 덕흥리 무덤 벽화에서 강동 24개 돌 유적을 토대로 복원한 것과 비슷한 형태의 건물을 발견할 수 있다. 바로 고구려의 창고 부경(桴京)이다. 그렇다면 강동 24개 돌 유적은 바로 발해의 창고였을 것이다.

게다가 24개 돌 유적이 모두 12개 발견되었는데, 주춧돌의 크기나 구조가 거의 똑같다. 이것을 어떻게 해석해야 할까? 혹시 24개 돌은 정부가 관리하는 창고가 있었음을 말해 주는 것은 아닐까? 이를 뒷받침해 주는 기록이 또 하나 있다.

《신당서》에 의하면, 당시 발해에는 발해 5도, 즉 다섯 개의 길이 있었다. 일본 길, 신라 길, 조공 길(압록 길), 영주 길, 거란 길이 그것이다. 그런데 놀랍게도 발해의 창고는 이 발해 5도의 길목에 있었다. 개인이 관리하는 창고가 아니라 중앙에서 직접 관리하는 창고일 경우, 주요 교통로에 설치할 가능성이 상당히 높다. 따라서 주요 교통로에 위치한 이 창고는 일종의 물류 센터라는, KBS 역사 스페셜의 내용은 시사하는 바가 크다.

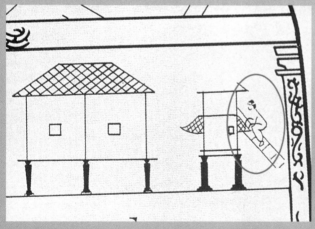

덕흥리 무덤에 보이는 고구려 창고 부경 모사도와 현재 환련(환인) 지역의 부경 무덤 벽화 오른쪽 끝에 창고로 오르는 사람이 보인다. 요즘 환련 지역에서는 여기에 주로 옥수수 열매를 보관한다.

5

1300년 전 발해 사람들 속으로

발해 사람의 삶과 문화

그 때 발해 사람들은

발해 땅에는 왕을 비롯한 왕족과 귀족, 평민(백성), 그리고 그 아래 신분인 부곡* 및 노비들이 살고 있었습니다. 이렇게 다양한 사람들이 살았다는 것은 발해 사회가 여러 계층으로 나뉘어 있었다는 뜻이지요. 그리고 다양한 사람들 사이에는 지배하고 지배당하는 관계가 맺어지게 마련입니다. 그렇다면 무엇을 기준으로 지배하는 사람과 지배받는 사람을 구별했을까요? 그 기준은 바로 성씨(姓氏)가 있느냐 없느냐에 달려 있었던 것 같습니다.

왕과 왕의 가족들은 대씨 성을 가졌고, 관직이 높고 힘센 집안 사

부곡(部曲)
신라 때부터 조선 초기에 걸쳐 천민이나 죄인을 집단으로 수용하여 농기구, 병기, 유기 따위를 생산하게 하던 특수 행정 구획. 그러나 발해 사회에서 부곡은 집단이 아니고 평민 아래 신분의 개인을 가리킨다.

람들은 고씨 · 장씨 · 양씨 · 두씨 · 오씨 · 이씨 성을 가졌습니다. 일반 귀족으로 49개의 성씨가 있었다고 합니다.

이에 반해 일반 백성들은 성이 없었습니다. 신라에서도 일반 백성들은 성이 없고 이름만 있었지요. 이들 일반 백성은 노예처럼 주인에게 부림을 받는 처지는 아니었고, 자기 집에서 살며 자기 땅을 경작했습니다. 그러나 부곡이나 노비 등 백성보다 아래 신분에 속하는 사람들은 성이 없었을 뿐 아니라 모두 그 주인을 따라야 했습니다.

통통하고 건강미 넘치는 발해 사람들

발해 사람들은 어떤 모습이었을까요? 그들의 생활 모습을 그려 볼 수 있는 자료는 그렇게 많지 않습니다. 그러니 여기저기서 단편적인 자료들을 모아 추측해 볼 수밖에 없군요.

발해 문왕의 넷째 딸 정효 공주의 무덤 벽화는 발해 사람의 모습을 가장 잘 보여 주는 그림입니다. 1979년 정효 공주 무덤이 세상에 알려지고 이듬해에 발굴이 이루어지면서, 우리는 그 동안 의문에 가려 있던 발해의 정치 · 사회 모습과 함께 발해 사람을 직접 만날 수 있게 되었습니다.

그럼 무덤 안에 함께 들어가 볼까요? 무덤 입구에 들어가니 널길 좌우 벽면에 무덤을 지키는 무사가 그려져 있군요(오른쪽 그림 4-1, 2). 철퇴를 들고 있어 잡귀 잡신이 얼씬거리지 못할 것 같은 느낌입니다. 널길을 지나 무덤 칸으로 들어서니 동쪽과 서쪽, 북쪽 3면에 벽화가 그려져 있네요. 벽화에는 모두 12명의 인물이 있군요.

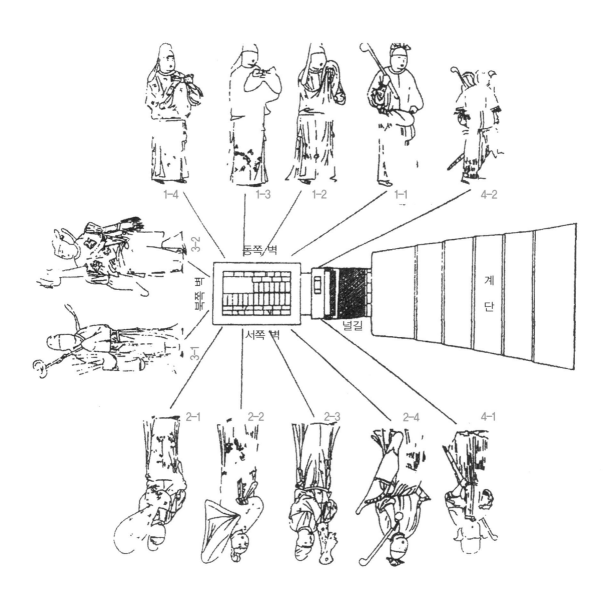

정효 공주 무덤 투시도(고지마 요시타카 작성)

정효 공주 무덤 속에 있는 벽화 인물 그림

정효 공주는 발해 3대 문왕 대흠무의 넷째 딸이다. 이 벽화는 8세기 즈음 발해가 고구려 벽화의 전통을 이어 왔음을 보여 준다. 지린 성 연변 조선족 자치주 허룽 시 용두산에 위치해 있다.

1-4 무덤 방 동쪽 벽 네 번째 인물, 악사 복두를 쓰고, 둥근 깃과 넓은 소매에 옷자락이 긴 흰색 단령포를 입었다. 허리에는 가죽띠를 둘렀고, 악기를 싼 보자기를 하나 들고 있으며, 미투리를 신었다.

1-3 무덤 방 동쪽 벽 세 번째 인물, 악사 머리에 복두를 쓰고 짙푸른 단령포를 입었다. 허리에 가죽띠를 둘렀으며, 미투리를 신었다.

▼ **3-1 무덤 방 북쪽 벽 왼쪽 시종(侍從)** 마주 보는 두 사람이 약간 문 쪽으로 고개를 돌리고 있다. 두 사람 모두 복두를 쓰고 둥근 깃과 넓은 소매에 옷자락이 긴 단령포를 입었다. 허리에는 검은색 가죽띠를 둘렀고 미투리를 신었다. 둘 다 등 뒤로 활을 메고 있다. 왼쪽 인물은 흰색 단령포를 입었으며, 두 손에 머리가 둘인 지팡이를 잡고 있다. 키는 117센티미터 정도.

▲ **3-2 무덤 방 북쪽 벽 오른쪽 시종** 두 손으로 붉은색 우산(日傘:일산) 같은 물건을 들고 있다. 왼쪽에 찬 화살통에는 앞다리를 들고 뒤돌아보는 사슴이 그려져 있다.

2-1 무덤 방 서쪽 벽 네 번째 인물, 악사 동쪽 벽 네 번째 인물과 거의 비슷한 모습이다.

2-2 무덤 방 서쪽 벽 세 번째 인물, 악사 공후(箜篌)로 보이는 악기를 주머니에 싸서 들고 있다.

1-2 무덤 방 동쪽 벽 두 번째 인물, 약사 머리에 복두를 쓰고 자주색 단령포를 입었다. 허리에 가죽띠를 둘렀으며, 미투리를 신었다.

1-1 무덤 방 동쪽 벽 시위(侍衛) 상투를 높이 틀고 붉은색 말액(抹額)을 썼으며, 깃이 둥글고 좁은 소매에 옷자락이 긴 단령포를 입었다.

2-3 무덤 방 서쪽 벽 두 번째 인물, 약사 내용은 다른 약사 설명과 같다.

2-4 무덤 방 서쪽 벽 시위 붉은색 단령포를 입고 있다.

4-1, 2 널길(연도) 양쪽에서 서로 마주 보며 문을 지키고 서 있는 무사 2명 두 무사의 키는 98센티미터이고, 검을 잡은 채 갑옷 차림에 철퇴를 메고 검은 가죽신을 신었다.

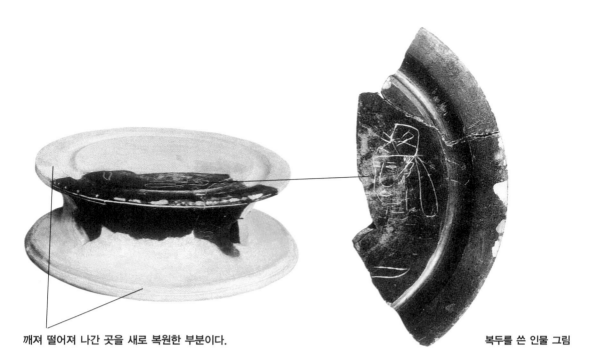

깨져 떨어져 나간 곳을 새로 복원한 부분이다.

복두를 쓴 인물 그림

서쪽 벽에서는 궁궐을 지키는 무사와 공주를 호위하는 시위※가 먼저 눈에 띕니다. 또 공주의 시중을 드는 시종과 음악을 연주하는 악사, 그리고 내시들이 보입니다. 이들은 모두 공주가 살았을 때 공주를 보살피던 사람들이겠지요.

이들을 통해 우리는 발해 사람들을 만나게 됩니다. 벽화 속 인물들은 얼굴이 통통하며 건강미가 넘칩니다. 하얗게 단장한 얼굴은 둥글고 큰 편이지만 눈은 작고 눈썹이 가늘군요. 또 코가 낮고 입술은 작고 붉은 편입니다. 당나라 사람의 얼굴 모습과 조금 닮은 듯하네요. 아마 당나라 벽화의 영향을 많이 받아서인 듯합니다.

벽화 속 인물들은 모두 남자 옷을 입었지만 여성적으로 표현된 것으로 보아, 공주를 시중들던 남장한 여성들로 보입니다. 이러한 남장 여성들은 당나라 측천무후 때 많이 유행했지요. 당나라와 맞서 독자적으로 황제의 나라를 세운 발해 사람들이어서 그런지 모두 무

시위(侍衛)
임금을 모셔 호위하는 일 또는 사람.

척 건강한 모습입니다.

정효 공주 무덤에서는 사람 얼굴을 한 흙인형 2점이 발견되었습니다. 대부분이 여성으로 얼굴이 포동포동하고 풍만하여 벽화에 그려진 인물과 비슷한 모습입니다.

이 밖에도 발해 사람의 얼굴을 보여 주는 조각품이 몇 점 더 있습니다. 상경성에서 나온, 벼루

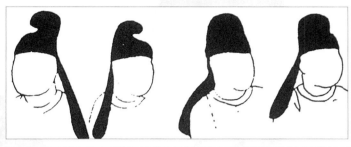
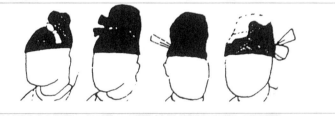

정효 공주 무덤 벽화에
나타난 여러 모양의 복두

바닥에 새겨진 인물상이 그 가운데 하나입니다. 이 사람은 머리에 양쪽 끝이 어깨 위로 길게 드리워진 복두(幞頭)를 쓰고 있습니다.

그리고 일제 강점기에 상경성에서 수집한 기마 인물 청동상이 2점 있습니다. 하나는 삿갓 모양의 쓰개를 하고 있고, 다른 하나는 극히 단순화되어 있습니다.

또 러시아 연해주에서 발견된 청동상도 있습니다. 현재 블라디보스토크 박물관에 진열되어 있는데, 근엄한 관리라는 의견과 악사 혹은 무녀(舞女)라는 의견이 엇갈리고 있답니다.

상경성에서 수집한 기마(騎馬) 인물 청동상

발해 사람들의 의·식·주

중국 느낌에 고구려의 소박함이 깃든 옷

발해 사람들은 어떤 옷을 입고 살았을까요? 아쉽게도 그들의 옷에 대한 기록이 거의 없어 정효 공주 무덤 속에 있는 벽화를 보고 짐작할 뿐입니다.

공주의 무덤은 중국식 벽돌 무덤이고 벽화에 그려진 사람들도 중국 느낌이 나는 옷을 입고 있습니다. 정효 공주가 살았을 때에는 발해가 당나라 문화를 적극 받아들였음을 알 수 있지요. 기본적으로 비단과 같은 고급 옷감들은 당나라나 일본에서 들여와 귀족들의 사치품으로 사랑받았습니다.

정효 공주를 모시던 관료들은 각자 지위에 따라 자주색, 붉은색, 옅은 붉은색, 녹색 관복을 입었습니다. 벽화에서도 알 수 있듯이, 옷 형태는 두루마기〔袍:포〕라고도 불리는 '단령(團領)'이었습니다. 단령포는 통일신라, 일본, 발해, 북방 유목 민족에 이르기까지 널리 유행한 옷입니다. 깃을 둥글게 만든 원피스 모양의 단령은 당시 당나라

를 비롯하여 주변 나라들에 널리 보급되었지요. 추위를 막기 위해서는 담비나 표범 등 동물 가죽으로 만든 갖옷을 입었습니다.

머리에는 뒤쪽이 솟아오른 '복두'라는 모자를 썼습니다. 벽화를 보면 양쪽에 끈을 내려뜨리거나 위에서 묶은 형태가 보이고, 상투를 넣는 두건에도 여러 종류가 보입니다. 무인(武人)들은 머리를 천으로 묶는 형태의 말액을 쓰기도 했다지요.

단령에는 허리띠를 둘렀는데, 하남둔에서 나온 허리띠는 순금으로 아주 화려하고 정교하게 만들어졌습니다. 그러나 대부분의 사람들은 가죽띠를 착용했지요. 가죽띠 겉에 붙인 허리띠 꾸미개 가운데에는 많은 구멍이 뚫려 있습니다. 이 구멍은 발해에서만 볼 수 있는 특징으로, 여기에 여러 가지 물건을 매단 것으로 보입니다.

벽화를 보면 발해 사람들은 검은색 가죽신이나 미투리를 신었습니다. 정효 공주 무덤에 그려진 악사(樂

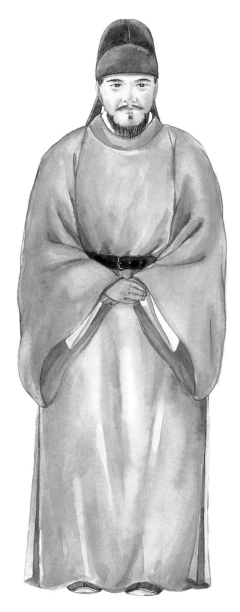

발해 귀족의 옷차림 머리에는 복두를 쓰고 단령포를 입었으며, 단령포에는 가죽띠를 둘렀고, 가죽신을 신었다.

금으로 만든 허리띠 1971년 지린 성 연변 조선족 자치주 허룽 시 팔가자 하남둔 고분의 발해 귀족 부부 합장 무덤에서 발견되었다. 이 무덤에서는 이 밖에도 금으로 만든 고리, 팔찌, 귀고리와 은으로 만든 팔찌 들이 출토되었다. 화려한 발해 귀족 사회를 엿볼 수 있다.

師)들도 모두 미투리를 신었군요. 동청 무덤에서 출토된 유물을 보면 여성들은 머리에 비녀나 뒤꽂이를 꽂고, 심지어 빗까지 장식으로 꽂았음을 알 수 있습니다. 또 거울을 사용했으며 팔찌나 반지, 귀고리, 구슬 들을 몸에 장식했습니다.

발해 장인들은 금, 은, 구리로 귀고리, 팔찌, 구슬 등 여러 장신구를 잘 만들었습니다. 그러나 발해의 장신구는 통일신라에 비하면 소박합니다. 발해 지배층의 문화가 섬세하거나 화려한 것보다 열정적이고 씩씩한 것을 좋아한 고구려 문화를 계승했기 때문이지요. 게다가 발해 주민 대다수가 유목민인 말갈족이었기 때문에 소박한 모습을 많이 간직한 것 같습니다.

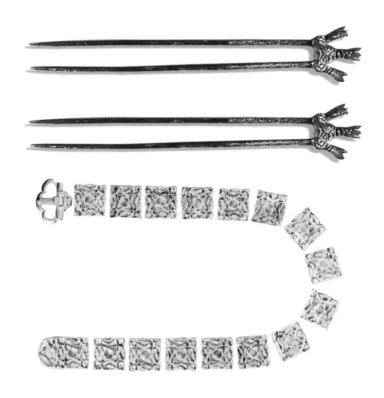

동청 고분에서 출토한 발해 시대의 머리꽂이(위)
동청 무덤에서는 세 개의 연꽃 장식이 있는 발해 특유의 머리 빗과 비녀가 머리에 얹혀진 상태 그대로 발견되었다. 삼국의 귀족들이 사용했던 비녀보다도 세련되고 독특한 모습으로, 발해 귀족의 대표적인 유물이라 자랑할 만하다.

허룽 시 하남둔에서 출토한 금 허리띠(과대)
바닥에 작은 금 알갱이를 붙여 장식했고, 상감 기법을 이용하여 마디 홈에 수정과 터키석을 박아 넣었다.

920년 5월, 일본 풍락원에서 발해 사신을 환영하는 연회가 열렸습니다. 일본에 사신으로 간 발해 사람 배구(裵璆)가 담비 갖옷 한 벌을 입고서 진기한 옷이라고 자랑을 합니다. 그러자 일본의 시게아키라 신노〔重明親王〕는 오리털로 만든 수레를 타고 검은 담비 갖옷을 여덟 벌 입고 조회에 참여하여 배구의 코를 납작하게 만들었다고 합니다. 배구는 일본 귀족들이 이 갖옷을 입어 보지 못했을 거라고 생각했는데, 한꺼번에 여덟 벌을 겹쳐 입은 걸 보고 모르긴 해도 무척 창피했을 겁니다. 이 때가 음력 5월이었으니 일본 날씨는 무척이나 후텁지근했을 텐데, 가죽 옷을 여덟 벌이나 껴입었으니 얼마나 덥고 생땀이 났을까요.

이 일화를 통해 우리는 발해에서 모피는 주로 높은 계층 사람들이 입은 귀한 물건이었음을 알 수 있습니다. 외국 사신을 접대할 때에 입거나 진열하도록 했다고 하니 그 가치를 충분히 알고도 남습니다. 그리고 발해에서 많이 나기 때문에 일본에서는 발해 사신과 함께하는 회식 자리에는 호피(호랑이 가죽)를 진열하도록 했다고 합니다.

이처럼 발해는 모피의 나라였습니다. 발해는 당나라와 일본에 사신을 자주 파견하여 무역을 했는데, 담비·호랑이·표범·곰 같은 짐승 가죽과, 인삼·우황·꿀 같은 약재를 수출했습니다. 말과 구리도 수출했고요. 그 가운데 특히 모피가 눈에 띄는 걸 보면, 발해 사람들은 가볍고 따뜻한 가죽 옷을 즐겨 입었나 봅니다.

일본에서는 짐승 가죽을 옷감으로 이용했는데, 특히 담비 가죽은 최고급 관리인 참의 이상만 입을 수 있을 만큼 귀하고 인기 있었다고 합니다. 발해는 담비 가죽을 당나라나 일본에 자주 보냈는데, 지금도 자색 담비는 인삼·녹용과 함께 만주에서 3대 특산물의 하나로 손꼽힐 정도랍니다. 랴오둥 반도로 강제로 옮겨 간 발해 유민 가운데 부유한 사람들은 목단(牡丹:모란)을 즐겨 키웠다는 기록도 있습니다. 중국에는 이러한 꽃이 없어서 장사꾼들이 대량으로 사 갔다는군요. 그리고 살다라(薩多羅)라는 승려가 돼지나 새 소리에 능통하여 이들과 대화를 나누었다는 기이한 이야기도 전해 내려옵니다.

아! 그렇구나 정효 공주의 한평생

정효 공주의 무덤은 우리에게 많은 정보를 주는 소중한 발해 문화 유산이다. 이 무덤이 발견된 경위 또한 많은 것을 생각하게 한다. 이 무덤은 한 학생이 발견했다. 학생은 소에게 꼴을 먹이러 갔다가 벽돌로 쌓은 탑 형태를 발견하고 이 사실을 박물관 당국에 알렸다고 한다. 연변 박물관에서는 곧바로 조사를 했고, 조사 결과 발해 시대의 탑과 거의 같다고 판단하여 탑을 세밀히 조사하고 주변을 발굴하면서 공주의 무덤을 확인한 것이다.

정효 공주 무덤 위에는 벽돌로 쌓은 탑이 있다. 무덤 위에 탑을 쌓는 형식은 주변 나라에는 없는 발해 사람들만의 독특한 매장 방법이다. 탑 아래에는 무덤으로 들어가는 계단이 있고, 널길 좌우 벽면에는 공주의 무덤을 지키는 무사가 그려져 있다. 이 곳을 지나 무덤 칸으로 들어서면 역시 사방에 벽화가 그려져 있고 한가운데에 공주의 시신을 모신 나무 널(관)이 있다.

문왕의 넷째 딸 정효 공주는 아버지의 특별한 사랑을 받았지만 남편과 딸을 잃고 슬픈 나날을 보냈다. 그러던 중 36세의 젊은 나이에 정효 공주가 죽자(792년 여름) 아버지 문왕은 커다란 슬픔에 잠겼다. 잠도 자지 않고 먹지도 않으며 온 나라에 노래와 춤을 금지시킬 정도였다.

공주의 모습은 보이지 않지만 벽화 속 인물들을 통해 공주의 생활을 상상해 보자. 공주는 궁궐에서 태어났고 어려서부터 성격이 유순했다. 용모는 보기 드물게 뛰어나 옥(玉) 같은 나무에 핀 꽃처럼 아름다웠고, 품성은 비할 데 없이 정결하고 온화했다. 공주는 일찍이 스승에게서 가르침을 받아 스승과 같아지려고 노력했고, 한(漢)나라 반소라는 인물을 그리워하며 시와 글을 좋아하고 예와 음악을 즐겼다. 보통 때 공주는 부드럽고 공손하고 우아했으며, 신중하게 행동했다. 글쓰는 재주

가 남달랐고, 말은 이치에 맞았으며, 순결한 지조를 갖추
었다. 결혼한 뒤 부부 사이는 거문고와 큰 거문고처럼 잘
어울렸고, 창포와 난초처럼 향기로웠다. 그 모습이 마치
한 쌍의 봉황이 노래하는 듯했고, 한 쌍의 난새(봉황을 도
와 생활하며 닭의 몸에 붉은 털을 가졌는데, 다섯 가지 빛깔을
띠고 소리는 다섯 음을 내는 신령스러운 새)가 춤추는 듯했
다. 그러나 남편이 먼저 세상을 떠나고 어린 딸마저 일찍
죽자 공주는 눈물을 흘리며 한동안 수심을 머금고 지냈
다. 정효 공주는 아버지에게 항상 은혜를 받아 스스로 여
자로서의 덕을 품고 살았다.

정효 공주 묘지석

이번에는 공주의 외출 장면을 한번 그려 보자. 고대광
실(高臺廣室 : 규모가 굉장히 크고 잘 지은 집) 저택 문을 무사
가 지키고 있다. 그리고 보초가 철퇴와 검을 들고 집을 지
키고, 시종들은 공주를 둘러싸고 시중을 든다. 공주 주변
에서는 악사들이 음악을 연주하여 공주를 즐겁게 해 주고
있다. 궁궐 마당의 여러 나무들은 어느덧 예쁜 꽃을 피워
주변이 아름답다. 공주는 예쁜 꽃을 감상하려고 목이 둥
근 단령포라는 옷을 입고서, 얼굴에 연지 곤지 찍고 머리
도 곱게 빗어 딴 뒤 마당으로 나온다. 그러자 딸린 시종들
이 지팡이를 들고 우산(일산)을 받쳐 들어 햇빛을 가려 준
다. 참으로 어여쁜 공주의 모습이다.

영광탑 발해 시대의 탑으로 알려져 있는 영광탑
밑에는 발해 지배층의 무덤이 있을 가능성이 있다.

정효 공주가 외출하는 모습

풍성한 먹을거리와 세련된 그릇

발해는 땅이 넓어 여러 작물을 재배하여 경제가 발전했습니다. 여러 곡식과 채소, 과일을 가꾸었으며 갖가지 농사 도구가 있었지요.

발해는 북쪽에 위치해 있었기 때문에 아무리 지구 전체가 따뜻한 시기였다 하더라도 날씨가 추워서 논농사에 그다지 적합하지는 않았다고 합니다. 그러나 발해 특산물에 노성(盧城)의 벼가 들어 있으므로 논이 아주 없었던 건 아닌 듯합니다. 북위 43도에 위치한 추운 지역이지만, 지금도 이 곳에는 조선족들이 경작하는 논이 즐비하게 널려 있습니다. 상경성 주변의 농지는 모두 검은빛을 띤 기름진 땅으로, 특산물로 쌀을 광고하는 안내판도 군데군데 보입니다. 현재의 상경성 주변 농촌을 보면, 아마 발해 시대에도 벼농사를 많이 지었을 것 같습니다.

연해주에 있는 발해 성터에서는 콩, 메밀, 보리, 수수가 채집되었습니다. 곡식을 경작하는 데 사용한 보습이나 가공하는 데 사용한 맷돌도 곳곳에서 발견되었습니다. 때로는 갈무리하던 저장 창고가 발견되기도 했습니다. 발해 건국 전에 물길족*과 말갈족은 주로 조, 보리, 메기장 들을 경작했습니다. 때문에 말갈족이 중심이 된 발해 사람들은 주로 잡곡을 먹었다고 볼 수 있겠지요.

곡식말고 발해에서 생산된 먹을거리로는 가축, 물고기, 과일 등의 특산물이 있었습니다. 과일로는 환도의 오얏과 낙랑의 배를 식용으로 이용하거나 외국에 수출했지요. 넓은 풀밭에서는 돼지, 소, 말, 양을 많이 길렀습니다. 지금도 상경성 주변 마을에서 양을 방목하거나 소와 말을 기르는 모습을 자주 볼 수 있답니다. 가축으로는 부여부 일대의 사슴과 막힐부의 돼지가 유명했지요. 연해주의 발해 성터

물길족(勿吉族)
숙신족의 후예로 나중에 말갈족이 되는 종족.

에서 발견한 뼈를 분석한 결과, 발해 사람들이 말이나 소, 개를 식용으로 이용했음이 밝혀졌습니다. 이 밖에도 거위, 독수리, 비버, 곰, 사슴, 염소, 멧돼지, 호랑이, 너구리, 늑대 들도 잡아먹었음을 확인했고요.

또 발해는 동해 바다와 접해 있고 호수가 많아 여러 종류의 물고기도 많이 잡았습니다. 미타호에서는 붕어가 유명했고, 남경 남해부의 다시마를 비롯하여 게, 문어, 고래 눈알이 유명했습니다. 특히 발해의 게는 붉은색으로 큰 그릇만하고 집게발이 크고 두꺼웠다고 합니다.

이러한 가축과 해산물들은 지금도 헤이룽장 성 일대에서 쉽게 볼 수 있습니다. 하얼빈에 있는 헤이룽장 성 박물관에 가면, 박제 상태이긴 하지만 이러한 짐승과 해산물의 실물을 직접 볼 수 있지요.

한편 발해 사람들은 5월 5일 단오절에 쑥떡을 해 먹었다는 기록이 보입니다. 이에 따라 조선 시대 실학자인 유득공은 단오절에 쑥떡을 해 먹는 풍습이 발해에서 시작되었다고 보았지요.

발해 사람들은 사기 그릇을 잘 만들었습니다. 특히 '자자분'이라는 자줏빛 사기 그릇은 당나라에 많이 팔렸지요. 당나라 사람들은 이 자줏빛 사기 그릇이 한 섬이나 들어갈 정도로 큰 그릇이지만 얇고 새털과 같이 가볍다며 부러워했다고 합니다. 문헌을 보면, 841년에 발해가 당나라 무종(武宗)에게 마노* 보석으로 만든 상자와 자색 자기로 된 동이를 바쳤는데, 마노 상자는 짙은 붉은색이고, 자색 동이는 마치 기러기 깃털을 드는 것처럼 가벼웠다고 합니다.

또 877년 6월, 발해 사신 양중원이 일본에 바치려 했던 노리개와

마노
광택이 나며, 때로는 다른 광물질이 들어가 고운 적갈색이나 흰색 무늬를 나타내는 보석 돌.

모여라! 발해 그릇

삼채 도기(唐三彩 : 당삼채) 바탕 흙 위에 연유(鉛釉)
계통의 세 가지 색 유약을 입혀 아름다운 장식미를 더
한 도기(陶器)를 말한다. 발해 지역에서 나오는 삼채
도기는 황갈색, 황등색, 녹색 세 가지 색이 기본이다.

발해의 항아리들

상경 용천부 유역에서 나온 자배기 그릇
구름 모양을 본떠 만든 그릇으로 매우 화려
하며 겉면을 잘 갈아 윤이 난다.

오매리 절터에서 수집한 세발솥

상경성에서 발견한 흰색 자기

바다거북 술잔을 보고, 일본 사람 가스가노 야카나리〔春日宅成〕는 당나라에 갔을 때 진기한 보물들을 많이 보았지만 이처럼 환상적인 것은 없었다고 했다지요.

음식을 담는 데 사용한 그릇으로는 상경에서 발견된 구름 모양의 자배기 그릇, 화룡 북대 7호 무덤에서 나온 삼채 병과 삼채 사발이 있습니다. 당삼채를 본받은 이 그릇들은 귀족들의 생활이 무척 화려했음을 보여 줍니다.

반지하식 움집에서 온돌 기와집까지

발해 사람들은 중심 지역에 성을 쌓아 외적의 침입을 막고, 그 안에 주거지를 만들어 살았습니다. 크게 보면 도시와 시골의 집자리가 구별되지요. 도시의 집자리는 상경성을 보면 잘 알 수 있습니다.

발해의 수도 상경성의 평면 구조는 당나라 장안성을 거의 그대로 본떠서 만들었습니다. 앞에서 살펴보았듯이 성 전체 둘레는 조선 시대 서울의 도성과 거의 같은 16킬로미터 정도로 당시 동아시아에서 장안성 다음으로 커다란 규모였습니다. 그리고 서울의 광화문 거리에 해당되는 중심 대로는 너비가 무려 110미터나 되었지요.

상경성의 궁전은 모두 7개로 각 건물들은 복도(회랑)로 연결되었습니다. 현재 남아 있는 건물이 없어서 잘 알 수 없지만, 상경성 2절 터에 있는 석등의 화사돌〔火舍石 : 화사석〕과 지붕돌〔屋蓋石 : 옥개석〕에 나무로 만든 건물과 같은 기둥, 공포, 기와지붕이 있어서 발해 건축을 이해하는 데 도움이 됩니다. 석등의 받침기둥〔竿柱石 : 간주석〕

은 건물 기둥에 배흘림을 했음을 짐작케 합니다.

1987년 연해주 하산 구역에서 발견된 불판(佛板) 도면에도 불상을 모신 건물이 있습니다. 기왓골이 잘 표현된 지붕 양 끝에 치미(鴟尾, 망새)가 있지요. 절에 불상을 모셔 놓은 금당을 묘사한 것으로 보이는데, 지배자들은 이와 비슷한 집에서 살았을 것입니다.

이처럼 발해 건물은 지붕을 기와로 이었는데, 지붕 용마루 끝에는 재앙을 막기 위해 치미를 만들고, 귀신 얼굴을 한 기와(귀면와), 연꽃 잎 문양을 한 기와 등을 이용해 매우 화려하게 장식했습니다. 그러나 이런 기와는 궁전이나 관청, 절에서만 사용할 수 있었지요.

발해의 막새기와는 조각 무늬가 뚜렷하고 힘 있는 고구려 양식을

상경성 절터에서 나온 발해 치미(왼쪽)와 안학궁에서 나온 고구려 치미
솔개의 꼬리 모양을 딴 치미는 지붕 꼭대기에 올려놓은 장식물로, 망새라고도 한다. 높이가 87센티미터이고 표면에 연한 초록빛이 나는 유약을 칠했다. 고구려 치미가 발해 치미보다 두 배 남짓 크고 형태도 차이가 있으나, 기본적 구조와 선의 흐름 등으로 볼 때, 발해 치미는 고구려 치미의 영향을 받았음을 알 수 있다.

계승했습니다. 하지만 고구려 막새기와(수막새)가 연꽃잎 여덟 개를 기본으로 하는 데 비해, 발해 기와는 여섯 개가 기본으로 발해만의 독자성이 보입니다. 그런데 막새기와 문양이 고구려 양식을 따랐다는 사실은, 건축물을 세운 장인들이 고구려에서 왔을 가능성을 보여 줍니다. 또 발해 지배층이나 사찰 승려 가운데에도 고구려 계통 사람들이 있었음을 시사합니다.

발해 사람들은 건물에 사용하기 위해 여러 가지 벽돌도 만들었습니다. 특히 바닥에 깔기 위해 만든 네모난 벽돌에는 보상화 무늬*나 인동초 무늬를 화려하게 장식했지요.

발해 건축에서는 기둥이 썩지 않도록 기둥 밑에 장식 기와를 둘렀다는 점이 돋보입니다. 이 장식 기와는 발해에서만 발견되는 독특한 특징을 가졌지요. 커다란 고리 모양으로 기둥과 주춧돌이 만나는 부분을 씌워서 기둥을 장식하는 동시에 비가 들이쳐 기둥이 썩는 걸 막아 주

발해 막새기와(위)와 고구려 막새기와
막새기와(수막새)의 연화문 양식은 고구려의 전통을 강하게 반영하고 있다. 단순하고 간결하게 새긴 연꽃 무늬가 고구려 기와를 떠올리게 한다. 상경 용천부 출토.

기둥 장식의 본디 모습(위 왼쪽)과 기둥 장식 조각
주춧돌과 기둥이 만나는 부분에 도자기를 구워 만든 둥근 테를 둘러 기둥이 썩는 것을 막았다.

귀면와 앞면과 옆면
치미와 함께 재앙과 악귀를 물리치게 해 달라는 소망이 담겨 있다.

는데요, 이 기와는 몇 개의 조각을 이어 붙인 조립식으로 되어 있답니다. 겉에는 연꽃잎을 새기기도 했고, 보통 녹색 윤이 나는 유약을 바른 기와가 많습니다.

발해 기와에서는 장식 효과를 더해 주는 귀면와가 눈에 띕니다. 귀면와는 주로 내림마루나 귀마루 끝에 장식하는데, 악귀를 쫓으려는 바람이 담겨 있지요. 상경성 절터나 궁전 터에서 나온 귀면와를 보면 여러 가지 녹색 유약을 발랐는데, 모두 커다란 눈망울을 부라린 채 입을 크게 벌려 기다란 혓바닥과 툭 튀어나온 이빨이 드러나

보상화 무늬
불교 개념 속에서 만들어진 꽃으로, 본디 이름은 만다라 꽃이다. 대개 백련화를 가리키는데, 인동초 무늬의 주제로 사용되었으며, 다섯 개의 꽃잎 무늬를 장식했다.

있습니다. 코는 입 위에 뭉툭하게 드러나 있고, 귀는 커다란 고리처럼 표현되었으며, 뒤쪽으로 뿔처럼 생긴 갈기가 돋아 있어 정말로 귀신이 얼씬거리지도 못할 것 같은 사나운 모습입니다.

일반 백성들은 궁전과 관청 밖에서 살았습니다. 주로 성에서 떨어져 살았지요. 이들도 지배층에 가까운 평민이라고 할 수 있어요. 러시아 연해주에서 발견된 집자리에서 발해 사람들의 집 모습을 볼 수 있지요.

집으로 사용한 건물은 땅 위에 지은 집과 반지하식 집, 두 가지입니다. 이들은 모두 원시 시대 이래의 전통적인 움집 형태였지요. 대체로 직사각형 또는 정사각형으로, 면적이 땅 위인 경우 12~28평방미터였다가 발해 후기에 이르면 50평방미터로 넓어집니다. 이러한 구획은 최근에 경주 동천동 등에서도 발견된 적이 있습니다. 반지하식 집은 이보다 조금 작았습니다.

처음에는 화덕으로 난방을 하다가 시간이 흘러 온돌 장치(202쪽 참고)가 나타났고, 생활 공간도 산 위에서 산기슭으로 바뀌어 갑니다.

춤과 음악, 한시로 보는 발해 예술

강강술래를 닮은 춤 – 답추

발해 사람들은 즐거울 때에 춤을 추었습니다. 송나라 왕증(王曾)의
기록을 볼까요?

발해 풍속에는 세시 때마다 사람들이 모여 노래를 부르며 논다. 먼저 노래와 춤
을 잘하는 사람들 여러 명을 앞에 내세우고, 그 뒤를 남녀가 따르면서 서로 화답
하여 노래 부르며 빙빙 돌고 구르고 하는데, 이를 답추라 한다.

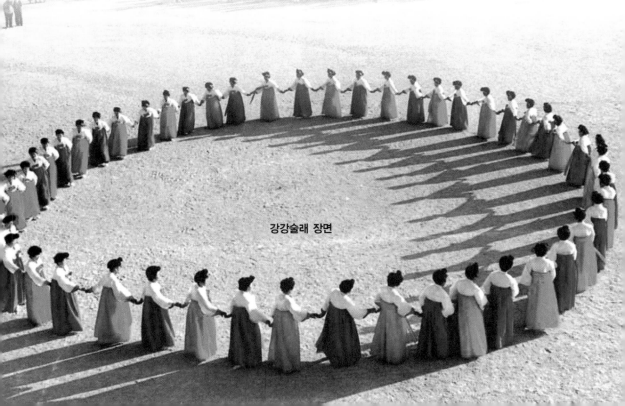

강강술래 장면

혹시 우리 나라의 전통 놀이 하나가 생각나지 않나요? 답추(踏鎚)는 진도에서 정월 대보름이면 볼 수 있는 강강술래와 비슷하다는 생각이 듭니다. 답추를 추었다는 것은 발해 사람들이 춤추고 노래 부르는 일종의 집단 무용을 즐겼음을 말해 줍니다. 실제로 발해의 중앙 관청에는 예의와 제사를 맡은 태상시(太常寺)라는 기관이 있었습니다. 이 곳에서 음악과 무용을 담당했을 것으로 보이고요.

발해 사람들은 우아하고 훌륭한 음악을 즐겼으며, 여러 사람들이

노래와 춤을 잘하는 사람이 앞에 서고, 그 뒤를 여러 사람이 따르면서 서로 화답하여
노래 불렀으며, 발을 구르고 빙빙 돌면서 춤을 추었다.

한 곳에 모여 술과 떡으로 즐기다가 아름답고 흥겨운 곡이 나오면 너도 나도 자리에서 일어나 춤을 추었다는 기록도 있습니다. 이것은 오늘날 노래와 춤을 즐기는 우리 나라 사람들의 습관이기도 하지요. 이 습관은 일찍이 부여 사람들의 풍습을 이어받은 것입니다.

지금도 상경성 근처에 사는 조선족 동포들은 명절이면 발해 왕궁 터에 찾아와 춤과 노래로 하루를 즐긴다고 합니다. 이것은 바로 몇 천 년 동안 전해 내려온 우리 민족의 얼이 아닐까요?

정효 공주 무덤 서쪽 벽에 그려진 인물 가운데에는 악사가 세 명 있습니다. 모두 보자기에 악기를 싸 든 모습이지요(148~149쪽 참고). 보자기 속에 어떤 악기가 들어 있는지 알 수 없지만, 겉모습을 보면 박판, 공후, 비파가 아닐까 싶네요. 공후로 보이는 악기는 보자기 밖으로 기다란 자루가 나와 있고, 자루 위에는 꽃잎 모양이 매듭지어 있으며, 두 개의 매듭 끈이 아래로 늘어뜨려져 있습니다.

《송사》에는 발해가 망한 뒤 중국 송나라에서 발해금(渤海琴)을 썼다는 기록이 있습니다. 어떤 종류의 악기인지 정확히 알 수 없지만, 거문고 '금(琴)' 자를 썼으므로 고구려의 거문고와 같은 현악기가 아닐까요? 지배층에 고구려 유민이 많으니 발해에 고구려 음악이 전해졌을 테고, 악기 가운데 거문고 역사가 가장 오래되었으니 대표적인 악기로 쓰였을 것 같습니다.

발해 음악에 대한 기록은, 일본에 사신으로 간 이진몽 일행이 일본 쇼무 천황 앞에서 "본국(발해)의 음악"을 연주했다는 내용이 처음입니다. 그 뒤 발해 음악은 일본 궁중 음악에 포함되었고, 발해 사신들을 접대할 때 자주 연주했다고 합니다. 일본에서 연주된 발해 음악은, 이전 고구려·백제·신라의 경우처럼 음악이 연주되면 그에 맞춰 춤과 노래가 함께 뒤따른 것으로 보입니다. 그 때 어떤 악기를 썼는지 분명하지 않지만, 옛날 고구려 악기와 말갈 악기 가운데 몇 가지를 함께 연주하지 않았을까요? 그랬다면 정효 공주 벽화에 나오는 박판과 공후, 비파 같은 악기를 모두 사용했겠지요.

앞에서 보았듯이 발해의 상류층이 고구려 유민 가운데 지식인으로 구성되었으니, 발해 음악에 고구려 요소가 많은 것은 당연한 이치라 하겠네요. 그리고 일반 백성인 말갈 계통의 음악 문화도 분명히 들어 있었겠지요.

발해가 망한 뒤에도 발해의 음악 문화는 발해금 또는 발해 교방(敎坊)이라는 이름으로 일부가 전해졌습니다. 일본에서는 삼국의 음악과 구별되다가 9세기 즈음 고려 음악으로 통합되었지요.

이처럼 수준 높았을 발해의 음악 문화는 안타깝게도 문화 수준이 낮은 거란에게 정복당한 뒤 더 이상 발전하지 못해, 한국 음악 역사의 주된 흐름에서 떨어져 나간 것으로 보입니다.

집집마다 한시를 병풍에 옮겨 놓고

발해 사람 고원고가 과거에 급제한 서인이라는 사람을 만나러 민중(閩中) 땅을 방문한 적이 있습니다. 그는 서인을 만나 자기가 지은 〈참사검부〉, 〈어구수부〉, 〈인생기하부〉 등의 한시(漢詩)를 발해 사람들이 집집마다 금으로 써서 병풍을 만들어 놓았다는 말을 전했습니다. 이 말이 사실이라면, 발해 사람들은 우리가 생각하는 것 이상으로 많은 문학 작품을 남겼겠지요. 한시에 뛰어난 발해 사람들의 예술성은 당나라와 일본에서도 아주 좋은 평을 받았습니다. 그 가운데 사신으로 활약하며 뛰어난 작품을 남긴 양태사와 왕효렴의 시를 살펴보겠습니다.

발해를 세운 지 50여 년이 지난 어느 해, 발해에서는 남쪽의 신라를 견제하기 위해 일본에 사신을 보내야 할 일이 생겼습니다. 일본 왕의 협조를 구하고자 한 것이지요. 그래서 누구를 일본에 보내야 일본 왕과 관리들을 설득할 수 있을지 고민했습니다. 마침내 발해 왕궁에서는 지혜롭고 나라 사랑이 깊은 양태사를 보내기로 했습니다.

임무를 받고 집으로 돌아온 양태사는 사랑방에 조용히 앉아 앞으로 할 일을 하나하나 써 내려갔습니다. 그런데 문득 귀에 익은 다듬이질 소리가 들렸습니다. 지금까지 몇십 년 동안 말없이 자기를 시중들며 도와준 어진 아내의 다듬이질 소리입니다. 먼 길 떠날 남편의 옷을 정성 다해 손질하는 중이었지요.

얼마 뒤 양태사는 낯선 일본 땅으로 건너갑니다. 그는 일본 왕과 관리들을 만나 일본과 사이 좋게 지내기를 바란다는 발해 왕의 문서를 전달했습니다. 함께 신라를 견제하자는 이야기도 전했고요.

다음 날 일본 왕을 만나 해야 할 이야기를 정리하느라 잠들지 못하던 밤, 어디선가 밤의 고요를 깨뜨리며 다듬이질 소리가 들려왔습니다. 그 소리는 양태사의 마음을 단박에 고향집 뜨락으로 이끌며, 고향과 조국에 대한 끝없는 사랑과 그리움으로 일렁이게 했습니다. 양태사는 저도 모르게 벌떡 일어났습니다. 쿵쿵 뛰는 가슴속에 격정이 넘쳐났습니다. 그는 그 격정을 종이에 써 내려갔습니다.

밤에 다듬이 소리 들으며

서리 기운 가득한 하늘에 달빛 비치니 은하수도 밝은데
나그네 돌아갈 일 생각하니 감회가 새롭네

홀로 앉아 지새는 긴긴 밤 근심에 젖어 마음 아픈데

홀연히 이웃집 아낙네 다듬이질 소리 들리누나

바람결에 그 소리 끊기는 듯 이어지는 듯

밤 깊어 별빛 낮은데 잠시도 쉬지 않네

나라 떠나와서 아무 소식 듣지 못하더니

이제 타향에서 고향 소식 듣는 듯하구나

방망이 무거운지 가벼운지

다듬잇돌 평평한지 아닌지 알 길 없구나

멀리 타국에서 가녀린 몸에 땀흘리는 모습 측은히 여기며

밤 깊도록 옥 같은 팔로 다듬이질하는 모습 보는 듯하네

나그네에게 따뜻한 옷 지어 보내려고 하는 일이지만

그대 있는 방 찬 것이 먼저 걱정이구려

비록 예의 잊어 묻기 어렵지만

속절 없이 원망하는 그대 마음 모를리야 하겠는가

먼 이역에 가 있네

그래도 새로 사귄 사람 없지

한마음이기를 원하네

그러면서 길게 탄식하네

이 때 홀로 규중에서 탄식 소리 들리니

이 밤 그 누가 아름다운 눈동자에 눈물 고이는 것 알겠는가

생각하고 또 생각하네

마음은 이미 그대에 젖어 있는데

또 들리누나 괴로운 이 마음

차라리 잠들어 꿈 속에서 소리 찾아가고 싶은데

다만 근심으로 잠 못 드누나.

다음 날 양태사는 일본 왕을 만나기 전에 일본 관리들을 만나 두 나라가 서로 사이 좋게 지내자고 요청합니다. 서로 이야기를 주고받는 사이에 일본 관리들은 문득 족자에 활달한 글씨로 내리쓴 시 한 수를 보게 됩니다. 간밤에 양태사가 쓴 시였지요.

일본 관리들은 저마다 시를 읽으며 그의 깊은 나라 사랑과 열정에 감탄했습니다. 한 관리가 양태사에게 부탁하여 시를 쓴 족자를 일본 왕에게 올렸고, 시를 읽은 왕은 찬사를 아끼지 않았다지요. 잠시 뒤 돌아온 관리는 양태사에게 시를 자기 나라의 보물로 보존하겠으니 자기들에게 달라고 간청했습니다.

이렇게 해서 양태사의 시 〈밤에 다듬이 소리 들으며(夜聽擣衣聲)〉는 일본 역사책에 실려 지금까지 전합니다. 일본 왕은 양태사의 재능과 애국심이 곧 발해 사람 모두의 기질이며 슬기라고 생각했겠지요.

발해 최고의 시인, 왕효렴

지금까지 전해지는 발해의 한시는 양태사 두 수, 왕효렴 다섯 수, 석인정 한 수, 석정소 한 수로 모두 아홉 수입니다. 절반 이상이 왕효렴의 시이니, 왕효렴은 발해 최고의 시인이라 해도 좋을 것 같습니다.

일본에 사신으로 간 발해 대사* 왕효렴은 환영 자리에서 일본 문인들과 여러 시문을 교환했습니다. 특히 일본의 유명한 승려 공해와

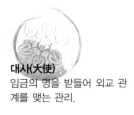

대사(大使)
임금의 명을 받들어 외교 관계를 맺는 관리.

인연이 깊었습니다. 일찍이 공해가 견당사*로 당나라에 갔을 때, 왕효렴도 당나라에 파견되어 서로 친분을 나누었지요. 왕효렴은 일본에 도착하자마자 공해에게 편지와 시를 보냅니다. 공해 또한 반가움에 답서를 바로 보냈지만, 왕효렴이 일본을 떠난 뒤에야 도착했다는 기록이 있습니다. 문학을 통한 공감은 그 옛날에도 국경과 신분을 뛰어넘었나 봅니다.

당시 왕효렴은 일본 조정에서 뜨거운 환영을 받아 〈봄날 비를 보고 정(情) 자를 얻어 지음〉이란 시를 남겼습니다. 감상해 볼까요?

주인이 변청에서 잔치를 여니

상경에서처럼 매우 취하였네

아마 비 선생(雨師)도 성스러운 뜻을 안 듯

단비가 촉촉이 내려 나그네 마음 적시네.

왕효렴은 또 일본에 머무르면서 고향을 생각하는 간절한 마음으로 정감 어린 시를 남겼습니다.

서리 찬 가을 밤에

서리 찬 가을 밤에

은하수 유난히 빛나고

나그네 고향 생각

시름 더욱 깊어 가네.

견당사(遣唐使)
7세기에 중국을 통일한 당나라가 융성한 문화를 이룩하고 제국으로 자리 잡자, 동아시아 대부분의 나라들은 해마다 정기적으로 외교 사절과 교역품을 당나라에 보내 외교 관계를 맺었고, 당에서 일정 관직에 대한 인정을 받는 등 당나라 중심의 국제 질서가 형성되었다. 이 때 동아시아 각 나라에서 당나라에 조공 가는 사신을 '견당사' 라 불렀다.

출운주에서 두 칙사에게

바닷길 아득히 불어오는 마파람에

고향 그리는 이내 마음 붙여 볼까

  (중략)

다행히도 두 분의 칙사가

나를 이처럼 위로해 주니

이역 땅에 오래 머물러도

내 그다지 서름겹지 않으리.

왕효렴은 첫 번째 귀국 항해에서 실패하고 월전국이라는 나라에
머물던 중 천연두에 걸려 죽고 말았습니다. 발해 왕조에서 가장 뛰
어난 시인이자 대사였던 왕효렴은 어이없게도 이국 땅에서 생애를
마감했지요.

발해 사람들의 신앙

발해는 부처님의 나라였다

발해의 불교에 관한 기록 역시 거의 남아 있지 않아 발해의 불교 사
상에 대해서 자세히 알려진 내용은 별로 없습니다. 다만 수도였던

상경 용천부에서 10여 곳의 절터가 발굴된데다, 발해의 주요 도시에 절터가 집중되어 있어 당시 흥성했던 불교 모습을 더듬어 볼 수 있습니다. 신라 등 인접한 다른 나라들과 마찬가지로 발해의 주된 종교는 불교였습니다. 곧 발해는 불교의 나라였지요.

지금까지 발견된 절터는 모두 40군데 정도. 발해 절터 대부분이 통치의 중심지인 5경에 몰려 있어 지배층의 종교가 불교였음을 알 수 있습니다. 특히 앞에서 보았듯이 문왕은 불교를 크게 받들었고, 자신을 높여 부르는 호칭을 '금륜성법대왕'이라 했습니다. '금륜'은 금륜왕을 가리키는 것으로, 절대적인 힘을 가진 전륜성왕 설화에서 나온 말입니다. 문왕은 무력이 아니라 부처님의 힘으로 이 세상을 통치하는 이상적인 왕이 되길 바란 것이지요.

이러한 전륜성왕 사상은 삼국 통일 전쟁 시기에 신라가 왕 이름을 불교식으로 짓고, 부처님과 왕을 같은 위치에 놓고 왕권을 강화하려 했던 사실과 관계가 깊습니다. 삼국 통일의 기반을 닦은 진흥왕은 두 아들의 이름을 석가의 삼촌인 금륜과 동륜이라고 부를 정도였으니까요. 발해에서 정효 공주 무덤을 탑 양식으로 짓고 그 앞에 절을 지은 것도 매우 눈에 띕니다. 발해 왕실에서 불교를 열심히 믿었다는 증거이지요.

불교를 믿은 발해 사람들은 상경성에 10개의 절을 짓고 절 앞에 석등을 세웠습니다. 지금도 상경성 안 남대

팔련성 출토 이불병 좌상
하나의 불상 받침(대좌)을 반으로 나누어 현세의 부처인 석가모니 부처와 과거의 부처인 다보 부처를 나란히 새긴 불상을 이불병 좌상이라 한다. 불경 가운데 《법화경》의 내용을 표현한 것이다. 이것은 발해의 독특한 형식으로 주로 훈춘 시에 있는 동경 용원부 지역을 중심으로 출토된다. 사진은 형태가 가장 완전한 것으로 동경 국립 박물관에 전시되어 있다. 응회암으로 만들었고 높이는 29센티미터이다.

묘에 남아 있는 석등이 발해의 왕실 불교를 확인시켜 줍니다. 또 앞에서 보았듯이 발해 왕은 스스로 신성한 핏줄임을 내세워 하늘의 자손이라 했습니다. 하늘의 자손으로 세상에서 살다가 삶을 마감하고 하늘에 올라 다시 세상에 내려온다는 생각. 여기에서 우리는 불교의 윤회 사상을 쉽게 떠올릴 수 있습니다.

발해 불교가 고구려에 뿌리를 두고 있음은 다른 어느 부문보다도 뚜렷합니다. 절터에서 발견되는 막새기와의 연꽃 무늬를 보면 누구라도 고구려 것을 이어받았음을 부정하기가 힘들지요. 고구려 기와라고 해도 감쪽같이 속을 만큼 정말 비슷하니까요. 불상들이 당나라 이전 양식인 점도 이를 뒷받침하고요.

그리고 절의 벽돌에 불교 신앙과 관련 깊은 당초 무늬를 새긴 것도 발해 불교에서 눈에 띄는 사실입니다. '당초'란 당나라 풀이라는 뜻이며, 당초 무늬란 인동덩굴로 만든 무늬를 가리킵니다. 이집트·메소포타미아·그리스 등에서 많이 사용했던 장식으로, 불교와 함께 중국을 거쳐 우리 나라에 전해졌지요. 인동덩굴은 추운 겨울에도

잎이 지지 않고 푸른 잎으로 살아남는다는 상징적인 풀입니다. 원래 이집트에서 덩굴을 무늬로 이용했는데, 그리스·인도·중국(당)을 거쳐 우리 나라에 들어와 고구려·백제·신라뿐 아니라 발해에서도 장식 무늬로 즐겨 사용했지요.

발해 사람들의 불교에 대한 믿음은 나라가 망한 뒤에도 뒤이어 세워진 나라에 많은 영향을 끼쳤다고 합니다. 발해 유민들이 불교 사상을 퍼뜨린 것이지요. 발해가 망하고 한참 뒤 금나라 황실에서 불교를 받아들이는 데에도 발해 유민의 영향이 컸다는군요.

행산 양가촌 기와 가마터 (위 왼쪽)와 여기에서 수집한 보상화 무늬 벽돌(위 오른쪽)
양가촌에서 만들어진 벽돌 기와는 무단 강 물길을 따라 수도 상경성에 운반되어 사용되었다.
당초 무늬 벽돌(아래)

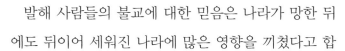

곳곳의 절터에서 흙으로 빚은 10센티미터 안팎의 작은 불상들도 발견되었습니다. 이 불상들은 모두 입가에 잔잔한 미소를 머금고 있지요. 흙을 틀에 찍어 내어 구워 만든 불상들은 상경성과 훈춘의 팔련성에 있는 절터에서 많이 나왔습니다. 서울 대학교 박물관에도 불상 몇 점이 전시되어 있지요. 그런데 불상 일부에 금칠을 하거나

붉은색을 칠한 것도 눈에 띕니다. 불상 아래쪽에 구멍이 뚫려 있는 것으로 보아 주로 못에 꽂아 벽에 걸어 두고 예불을 드린 것 같습니다.

　상경성 유적에서는 석불도 여럿 나왔습니다. 30센티미터 가량의 작은 불상이지만 14개나 발굴했지요. 고구려 때 만든 불상인데 발해로 가져온 것으로 추측하는 학자도 있습니다. 그 가운데 진리를 뜻하는 '다보불'과 진리를 깨친 '석가불'이 있습니다. 이는 불국사에 다보탑과 석가탑을 나란히 세운 것과 같은 의미라고 보입니다. 불교 경전 《법화경》에는 스스로 깨달음을 얻은 '석가 여래'가 현세의 부처로 나와 과거의 부처인 '다보 여래'와 나란히 앉아 설법하는 장면이 나옵니다. 이 경전의 내용을 조각한 것이 다보탑과 석가탑이지요.

아! 그렇구나 훼손된 발해 불상

상경성 남대묘 안에 그 유명한 발해 석등이 있다. 그리고 석등에서 북쪽으로 10미터쯤 떨어진 곳에 삼성전이라는 건축물이 있고, 그 한가운데에 발해 시대에 돌로 만든 부처가 상처를 입은 채 오늘도 앉아 있다.

돌부처 높이는 3.3미터. 연꽃이 새겨진 앉은받침(대좌)까지 합하면 4미터 가까이 된다. 원래 높이는 이보다 훨씬 컸는데, 훼손이 심해 이렇게 되었다고 한다.

두 눈을 가느스름히 뜨고 이 세상을 바라보는 부처님은 왼손을 무릎 위에 놓고 오른손을 가볍게 들고 있다. 우주의 천지 만물을 주관하고 이 세상에 복을 갖다 주시는 부처님의 갸륵한 정성이 흘러나오는 듯한 모습이다. 그러나 자세히 보면 왠지 어색하고, 부처 얼굴이 아니라 사람 얼굴에 가깝게 느껴진다. 본디 있던 얼굴이 아니라 떨어져 없어진 머리를 다시 만들어 붙였기 때문이다.

문헌에 따르면, 지금 부처님이 앉아 계신 자리에는 발해 사람들이 만든 불상이 있었다고 한다. 지금의 돌부처는 얼굴 등 많은 부분을 청나라 때 만든 것이다. 문화 대혁명〔중국 공산당을 세운 마오쩌뚱(毛澤東:모택동)의 주도로 1965년 가을부터 10년 동안 중국 사회를 뒤흔들었던 정치적·사회적 동란〕때 이 곳 중학생들이 돌부처의 목 부위를 밧줄로 묶어 무너뜨리는 바람에 두 손이

남대묘 발해 불상 상처만 남은 모습에서 사라져가는 발해의 옛 영광을 보는 듯하다.

떨어져 나가고 몸뚱이가 두 조각 났다고 한다. 이것을 나중에 석수장이가 원래 모양대로 만들어 놓았다. 때문에 지금은 부처의 자비로운 미소는 사라지고 청나라 사람 얼굴이 대신 붙어 있는 우스꽝스러운 모습이다.

발해 사람들의 갖가지 괴로움과 소망을 들어주시던 부처님이 세월이 흐르면서 온갖 고행을 겪고 결국 상처만 남은 모습이다. 손 위에 시주돈까지 놓여 있는 남대묘 불상을 보노라면, 발해의 옛 영광이 역사 속으로 사라져 가는 아쉬움을 지울 수가 없다.

아! 그렇구나 남대묘 발해 석등

지금도 상경성 안 남대묘 절터에는 높이 6미터가 넘는 커다란 석등이 하나 서 있다. 상경성 2절터에 남아 있던 것을 발해 시대의 불상과 함께 보존하고 있다. 석등은 중국과 일본의 절에서는 거의 찾아볼 수 없는 우리 나라 특유의 문화라 할 수 있다.

상경성 근처에 사는 사람들은 이 석등을 가리켜 '석등탑'이라고 부른다. 석등 탑은 그 지역 일대에 많은 현무암을 깎아 만든 탑으로 조각술이 아주 섬세하고 정교하다.

석등 꼭대기에는 둥근 테 모양으로 7개의 층을 조각했는데, 밑에서 위로 올 라갈수록 점점 작아진다. 그 밑은 8각으로 된 지붕처럼 처마를 이루고, 그 아래 에 8각형으로 된 등불을 넣는 화사돌[火舍石 : 화사석]이 있다. 이것은 고구려 탑에서 흔히 볼 수 있는 양식이다. 화사돌은 통바위를 깎고 속을 파 만든 것으 로, 창이 8개 있고 그 안에 등불 16개를 밝히게 되어 있다. 초롱 밑에는 연꽃 모 양의 받침돌이 있고, 그 아래에 지름 1미터가 넘는 원주형 돌기둥이 있다. 돌기 둥 밑에는 다시 연꽃 모양의 받침돌이 있고, 받침돌 밑에 진짜 큰 바위를 깎아 만든 큰 주춧돌이 있다.

석등의 지붕돌과 화사돌에는 나무로 만든 집 모양이 잘 표현되어 있어 발해 의 건축술을 엿볼 수 있다. 위아래 받침돌에 새긴 연꽃은 조각이 강하게 튀어나 와 발해 사람의 힘찬 기상을 느끼게 한다. 아래 받침돌 옆면에는 눈 모양의 조 각이 뚜렷하게 새겨져 있다.

열두 개의 돌을 조각한 다음 섬세한 기술로 얹어 붙인 이 탑 앞에서 발해 사 람들은 예불을 드릴 때 등불을 밝혔다. 부처님의 힘으로 해동성국이 더욱더 번 성하고 백성이 행복하게 잘 살 수 있기를 기원하는 등불을 말이다.

184   발해

네스토리우스 교(경교 : 景敎)
서기 450년 즈음 시리아 사람 네스토리우스(Nestorius)가 주장한 예수교의 한 종파를 말한다. 당나라 때 중국에 전해졌는데, 그 무렵에 발해에도 전해진 것으로 보인다.

기독교도 믿었다

발해 사회에는 불교말고도 기독교의 한 갈래인 네스토리우스 교*파가 들어왔던 흔적이 보입니다. 연해주에 위치한 우수리스크 시 한 성터에서 서쪽으로 가면 발해 시대의 절터가 두 곳 있습니다. 북쪽으로 흐르는 강을 사이에 두고 양 옆 야산에 절터가 하나씩 있는데, 서쪽 마을에 아브리코스 절터가 있지요.

이 아브리코스 절터에서 기와와 불상 조각이 발견되었습니다. 그런데 이 곳에서 나온 유물 가운데 네스토리우스 교의 십자가가 있어 우리를 놀라게 합니다. 자그마한 점토판에 독일의 철 십자가 같은 문양이 그려져 있는데, 이것은 발해 시대에 네스토리우스 교가 이미

십자가를 목에 걸고 있는 부처
중국 지린 성 훈춘 시 동경 용원부 자리에서 나온 삼존불(三尊佛)이다.

들어왔다는 중요한 증거입니다. 훈춘의 동경 용원부 일대에서 출토된 불상에서도 중앙의 석가모니 부처 옆에 목에 십자가 목걸이를 하고 있는 부처가 있습니다. 이 또한 네스토리우스 교와 관련된 목걸이로 보입니다.

이런 점들을 볼 때, 특이한 종교 전통으로 네스토리우스 교가 발해 땅 연해주 일대에 퍼져 있었음을 알 수 있습니다. 숭실 대학교 박물관에는 통일신라 때 네스토리우스 교가 들어왔던 흔적을 볼 수 있는 유물이 전시되어 있기도 합니다.

또 발해의 일반 사람들은 무속 신앙을 가졌던 것으로 보이는데, 아쉽게도 구체적인 자료가 없답니다.

경주에서 출토한 통일신라 시대 마리아 상(왼쪽)과 연해주 아브리코스 절터에서 출토한 십자가 점토판

예의 나라, 기개의 나라

교육을 통해 인재를 기르다

> 처음에 발해 왕이 자주 학생들을 파견하여 당나라 수도의 태학(太學)에서 고금의 제도를 배우게 하니, 이 때에 이르러 마침내 발해가 해동성국이 되었다.《신당서》〈발해전〉)

발해는 교육을 통해 인재를 키우는 일에 다른 어떤 나라보다도 힘을 기울였습니다. 당나라에 많은 유학생과 사신을 보내 나라를 통치하는 데 필요한 유교 관련 책을 들여오려고 노력했지요. 세 번째 임금 문왕은 왕위에 있는 50여 년 동안 모두 60번 이상 당나라에 사신을 보냈는데, 어떤 때는 1년에 네댓 번씩 보내 당나라 책을 베껴 오게도 했습니다.

인재 교육을 위해서는 중앙 왕실에 '주자감(胄子鑑)'이라는 교육 기관을 두었습니다. 같은 시기 당나라에 있던 국자감(國子鑑)과 같은 구실을 한 관청인데요, 그 곳에는 책임자로 감 한 명과 그 밑에 장 한 명을 두어 전체 교육을 맡게 했습니다. 주로 유교 경전과 인재 양성 교육에 중점을 두었지요. 주자감에서 '주자'라는 말은 경대부(卿大夫) 이상의 신분을 가진 사람의 맏아들을 말한다고 합니다. 한 마디로 주자감은 왕족이나 귀족 자제들을 교육하는 기관이었지요.

발해는 왕족과 귀족 여성들을 위한 교육에도 많은 관심을 기울였습니다. 이러한 사실은 정효 공주의 묘지석에도 나옵니다. "정효 공주는 어려서부터 여성 교사의 가르침을 받아…… 시와 예를 즐겼다"고 적혀 있지요. 왕이나 왕족처럼 신분이 높은 경우에는 국가 기관의 여성 가정 교사가 따로 있었나 봅니다. 유교 경전이나 시 짓기, 예법들에 관한 내용을 주로 배웠다고 합니다.

지방에서는 고구려의 경당 같은 교육 기관을 두어 일반 평민의 자제들까지 가르친 것으로 보입니다. 고구려 사람들이 살던 곳에 발해가 세워졌으니, 이전 왕조의 제도를 어느 정도 이어받았겠지요.

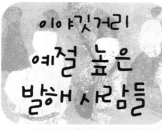

이야깃거리
예절 높은
발해 사람들

중국 송나라 태조가 관리들 앞에서, "남자가 귀하고 여자는 비천하거늘 어째서 남자는 무릎을 꿇고 앉는데 여자는 그러지 않는가?"라고 물었습니다. 이에 신하 왕이손이 《발해기(渤海記)》란 책을 근거로 답하기를, "옛날에는 남녀 모두 무릎을 꿇어 앉았는데 측천무후 때부터 여자들은 그러지 않았습니다"라고 대답했다고 합니다.

중국 관리가 자기 나라의 풍습 변화를 이야기하면서 발해를 예로 든 것으로 보아, 발해에서는 무릎을 꿇고 앉는 자세와 같은 예법을 중히 여겼던 듯합니다.

예절 높은 발해 사람으로는 은계종이 유명합니다. 발해 유민 은계종은 고려에 투항했을 때 태조 왕건 앞에서 세 번 절을 했는데, 사람들이 예를 범했다고 수군대었지요. 보통 때는 한 번만 절해도 되는데 세 번씩이나 절을 했기 때문입니다. 그러나 사실 나라를 잃은 신하는 3배를 하는 것이 예부터 있어 온 발해의 예법이었습니다. 은계종은 그 예법을 잘 지킨 것으로, 이에 따라 후대에까지 예법을 잘 알았던 대표적인 인물로 꼽혔다지요.

장례 풍습과 무덤

발해 사람들은 다른 나라와 마찬가지로 사람이 죽으면 무덤을 만들었습니다. 발해 무덤은 발해 땅 여러 곳에서 발견되지만, 특히 중국지린 성 둔화 시를 비롯해 상경성·서고성·팔련성 주변에서 많이보입니다. 커다란 무덤 떼가 대략 57군데 있고 1700여 개의 무덤이확인되었는데, 이 가운데 600여 개가 발굴되었지요.

무덤 종류로는 돌무덤·흙무덤·벽돌무덤이 있으며, 나무 널〔木棺:목관〕에 넣어 직접 묻거나, 무덤 속에서 불에 태우는 화장, 뼈만추려서 묻은 2차장이 있었습니다. 또 여러 명을 한 구덩이에 넣는경우도 있었는데, 많을 경우 17명까지 묻었다고 합니다. 주인공과함께 묻힌 이들은 주인공과 혈연 관계에 있던 가족뿐만 아니라 그에딸린 노비 등이었을 것으로 추측합니다.

홍준어장(닝안 시에 있는 송어 양식장)에 있는 무덤 발해 귀족 무덤 가운데 벽돌무덤. 조사한 뒤의 상태이다.

지금은 조선족들이 많이 살고 있는 헤이룽장 성 닝안 시 삼릉향 삼성촌에 가면 삼릉둔(三陵屯) 발해 무덤이 있습니다. 초가집과 현무암으로 담장을 한 마을 길을 지나면 세 개의 무덤이 일정한 거리를 두고 자리 잡고 있지요. 그 가운데 2호 무덤이 비교적 완전한 형태로 나왔습니다.

　무덤은 먼저 돌로 지하실을 짓고 그 위에 큰 건축물을 세웠는데, 이미 많이 파괴되어 있었지요. 그 안의 유물들은 일제 강점기에 일본 사람들이 다 가져갔다고 합니다. 그러나 무덤으로 들어가는 널길과 무덤 칸을 만들고, 천장 모퉁이를 줄여 가면서 좁혀 나간 모줄임 형태는 고구려 무덤을 그대로 본뜬 양식임을 확실히 보여 줍니다.

　삼릉둔 1호 무덤 속의 무덤 칸과 널길 벽, 그리고 천장에는 흰색

삼릉둔 유적과 마을 전경
가운데 버드나무가 있는 곳에 1호 무덤이 있다.

삼릉둔 조선족 마을
삼릉둔 유적 주변에는 우리 말을 쓰는 조선들이 살고 있다. 대부분 현무암으로 담장을 두른 초가집이어서 마치 우리 나라 제주도의 시골 농가에 온 듯한 착각이 들 정도이다.

회를 바르고 그린 벽화가 있습니다. 삼릉둔 2호 무덤 속에도 똑같은 방식으로 그린 벽화가 있고요. 이 무덤에는 인물과 함께 꽃 그림이 그려져 있어 정효 공주 무덤과 비슷합니다. 모두 15명의 인물이 그려져 있었다는데, 훼손이 심해 지금은 볼 수가 없습니다. 다만 벽면에 그려진 인물의 얼굴이 모두 통통하고 풍만한 여성들이라고 합니다. 따라서 삼릉둔 2호 무덤은 왕이나 왕족 무덤으로 봅니다.

무덤 칸과 널길 천장은 온통 꽃 그림으로만 채워져 있는데, 이런 무덤이 발견된 것은 이것이 처음입니다. 그런데 고구려 벽화 무덤 가운데 현재 동명왕릉으로 복원된 진파리 1호 무덤에도 붉은 꽃 그림이 그려져 있어 고구려 벽화 무덤의 영향을 받은 것으로 짐작합니다.

이처럼 지배자들의 무덤은 주로 돌로 만든 데 비해 아랫사람의 무덤은 흙으로 만들었습니다. 신분에 따라 차이가 있었던 것이지요.

삼릉둔 벽화 무덤
조사 뒤의 상태이다.

흙무덤은 발해가 세워지기 이전부터 말갈족이 만들었던 무덤으로 발해 시대 내내 사용했지요. 지배층은 그 힘을 과시하기 위해 무덤 위에 탑을 만들거나 건물을 지었으며, 무덤 안에는 벽화를 그려 화려하게 치장했지요. 심지어 무덤 앞에 절을 지어 무덤을 지키는 절, 곧 능사(陵寺)로 삼기도 했답니다.

8세기를 지나면서 벽돌로 만든 무덤이 나타나지만 그 수는 그리 많지 않습니다. 그 가운데 벽화가 그려진 무덤으로는 정효 공주 무덤이 유명합니다. 벽돌을 사용한 무덤 양식이나 인물화를 중심으로 한 벽화 기법은 당나라의 영향을 보여 주는 예입니다.

◀ 아! 그렇구나 발해의 벽화 무덤

발해의 무덤 가운데 벽화가 있는 대표적인 무덤으로는 정효 공주 무덤과 삼릉둔 2호 무덤을 들 수 있다. 두 무덤 모두 고구려 무덤을 본떠 들어가는 입구 (널길)가 있고, 문을 열면 주검을 모셔 놓는 무덤 칸이 있다. 무덤 칸 네 벽면과 천장에는 그림을 그렸다. 여기서 발해 사람들이 그린 벽화 기법을 한번 알아보기로 하자.

벽화를 그리는 방법에는 두 가지가 있다.

먼저 밑그림을 붙인 다음, 그 위에 바늘로 찔러 가면서 테두리 선을 만들고 그 안에 색칠하는 방법이다. 또 하나는 먹으로 테두리 선을 직접 그리고 그 안에 색칠하는 방법이다. 발해 무덤의 벽화들은 두 번째 방법으로 그려졌다.

먼저 벽 위에 흰색 회(灰)를 바르고 나서 다시 석회물을 칠하고, 그 위에 그림을 그린다. 그런 다음 먹으로 테두리 선을 그리고, 다홍색 · 붉은색 · 적갈색 · 푸른색 · 검은색 · 녹색 · 흰색 등의 물감으로 바탕을 칠한 뒤, 먹으로 전체 그림을 완성한다. 마지막으로 바탕 그림에 발해 사람의 모습과 꽃 장식 등 화려한 문양을 그려 넣어 발해 사람들이 가졌던 여러 생각과 미의식을 표현한다.

정효 공주 무덤에는 주로 발해 사람들이 그려졌는데, 대부분 여성스러우면서 얼굴이 둥글고 크며 살찐 모습이다. 삼릉둔 2호 무덤에는 얼굴이 통통한 여성들과 노란 꽃이 가득 그려져 있다. 흰색 바탕의 천장에 그려진 이 꽃들은 자세히 보면 아주 커다란 꽃 뭉치를 이루고 있다. 6개의 꽃잎이 세 겹 핀 큰 꽃이 중간에 있고, 그 둘레를 6개의 꽃잎이 두 겹으로 여섯 송이의 꽃이 둘러싼 모양이다. 이러한 꽃 그림이 무덤 안 곳곳에 가지런히 그려져 있다. 이렇게 꽃으로만 채워진 그림은 삼릉둔에서 처음으로 발견된 것이다.

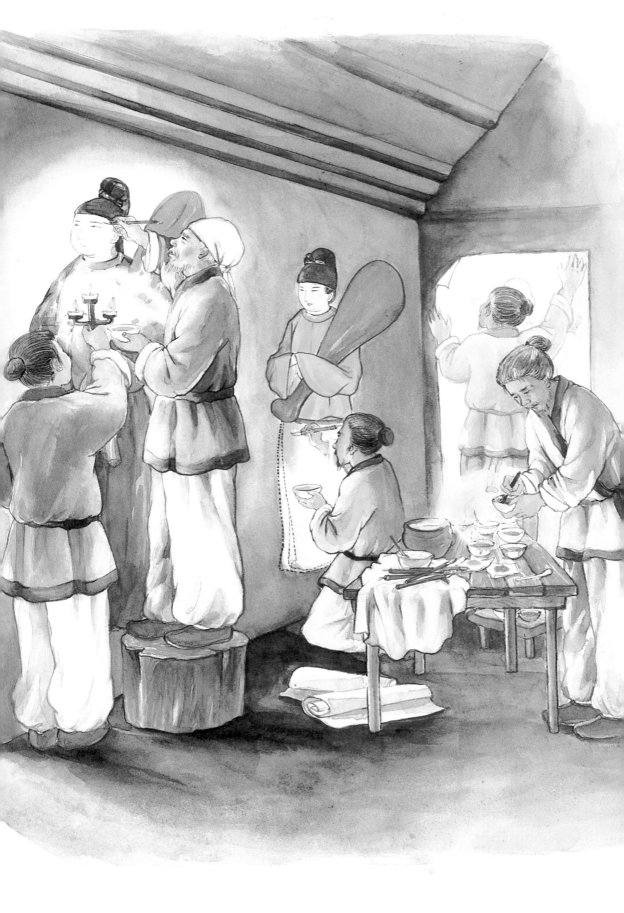

용맹하고 씩씩한 발해 남성들

찬란한 아침 햇살이 눈부시게 비쳐 드는 깊은 수풀 속으로 세 젊은
이가 걸어가고 있습니다. 3월 3일에 있을 사냥 대회 장소를 새로 마
련해 보라는 마을 사람들의 부탁을 받고 길을 떠난 발해 사람들이지
요. 그런데 갑자기 '어흥!' 하는 소리와 함께 송아지만한 호랑이가
두 앞발을 쳐들고 날아들었습니다. 한 청년이 잽싸게 호랑이를 향해
몽둥이를 휘둘렀습니다. 호랑이를 노려보던 다른 두 친구가 '얏' 소
리를 외치며 두 발로 땅을 차는 순간, 호랑이 뒷다리가 그들 손에 잡
혔습니다. 무거운 대가리가 땅에 처박히려는 순간 몽둥이로 내리쳤
습니다. 꼼짝 못하고 참나무 몽둥이로 이마를 연거푸 얻어맞은 호랑
이는 한참을 버둥거리다가 그만 축 늘어지고 말았습니다.

이 날 온 마을 사람들은 이 젊은이들이 맨손으로 호랑이를 사냥한
것을 기념하여 잔치를 벌였습니다. 이웃 나라 사람들이 "발해 사람
셋이 모이면 맨손으로 호랑이를 잡는다"고 했다는 말은 여기에서
비롯한 이야기입니다. 발해 사람들은 평소에 무술을 즐기며 갈고 닦
았기 때문에 용맹하기 이를 데 없었지요.

발해 사람들은 활쏘기, 타구와 격구 들을 통해 용맹성을 길렀습니
다. 고구려 벽화에서 앞으로, 옆으로, 뒤로 등 다양한 자세로 활을
쏘는 모습을 보았지요? 발해 유적에서도 화살촉이 많이 발견되는
점으로 보아, 발해 또한 사냥과 전쟁에 쓸 많은 무기가 발달했을 것
입니다.

정말 그랬습니다. 발해 사람들은 무척 용맹스러워 곰과 호랑이,
표범 등을 때려잡을 수 있었다고 하니까요.

전쟁 기념관에서 펴낸 《발해를 찾아서》에 실린 그림

발해의 남성들은 무척 용맹스러웠지만 가정에서는 아내에게 꼼짝 못했다고 합니다. 오늘날 공처가에 비할 수 있겠는데, 이 말은 부인과 사이가 나쁘다는 뜻이 결코 아닙니다. 부인에게 잘해 주는 사람들을 그렇게 부르는 것이지요.

발해가 망한 뒤 세워진 금나라 기록에 발해의 결혼 풍속에 대한 내용이 보입니다. 금나라 세종 때(1177년 12월)에는 "발해의 옛날 습속에는 남녀가 혼인할 때 예법에 어긋나는 게 많아, 먼저 남자가 여자를 훔쳐 달아나서 혼인을 하니 조서를 내려 이를 엄금한다. 이를 범하는 자는 간통죄로 다스린다"고 하여 발해 사람들에게 약탈혼(여성을 약탈해서 결혼하는 풍습)을 금지하는 명령을 내립니다. 발해 사회에서는 마음에 드는 여성이 있으면 우선 빼앗아 옴으로써 혼인 절차가 시작되었음을 알 수 있지요.

발해의 가족 제도는 한 남성과 한 여성이 결혼하여 가정을 이루는 형태가 기본이었습니다. 이 사실은 발해 무덤에서 확인할 수 있습니다. 그러면서도 여성의 지위가 만만치 않았던 모양입니다. 남송 시대에 쓰여진 《송막기문(松漠紀聞)》에는 "부인들은 모두 사납고

투기가 심하다. 대씨는 다른 성씨와 서로 연결을 맺어 열 명의 자매를 이루었는데, 이들이 번갈아 가며 남편을 감시하여 남편이 첩(둘째 부인)을 두는 것을 용납하지 않으며, 다른 여성과 연애하는 것도 용납하지 않는다"는 내용이 있습니다. 발해의 성씨 가운데 가장 많은 대씨 여성들이 다른 성씨를 가진 여성들과 자매 관계를 맺어 남편을 감시했다는 내용이지요.

이를 보면 발해에서는 여성의 발언권이 아주 컸던 모양입니다. 여성의 발언권이 너무 세다 보니, 어떤 러시아 학자는 발해가 모계 사회*가 아닌가 하는 설명을 한 적도 있답니다. 아무튼 첩을 두거나 다른 여성과 연애하는 남성은 무척 간 큰 사람이었겠군요.

만일 이런 일이 있었다는 사실을 알게 되면, 부인은 독을 넣어 남편과 사귄 여성을 죽이려고 했습니다. 또 어떤 남편이 일을 저질렀으나 그 부인이 알지 못했다면, 나머지 아홉 사람이 모두 일어나 그를 꾸짖으면서 다투어 증오하는 것을 서로 자랑으로 여겼다고 합니다. 이처럼 발해는 10개의 가정이 생활의 한 단위를 이루었고, 다른 집 여성들이 생활에 관여할 정도로 여성의 힘이 강했던 듯합니다.

하지만 부인에 대한 남편의 사랑은 지극했습니다. 멀리 이국 타향에서 잠 못 이루던 밤, 옆집에서 들려오는 다듬이질 소리를 듣고는 고향에 두고 온 부인에 대한 그리움을 담아 아름다운 서정시를 남긴 양태사를 보면 분명 그런 것 같습니다.

모계 사회
신석기 시대의 특징적인 사회 풍습이다. 어머니의 핏줄을 중심으로 지역 집단들이 만들어지고 구분되는 사회를 말한다.

아! 그렇구나 발해 사람들의 놀이

발해 사람들은 주로 말을 타고 달리면서 공을 다루는 놀이를 했다. 타구(打毬)는 지금의 필드 하키 비슷한 놀이(운동)로 맨땅에서 막대기로 공놀이를 하는 경기 이고, 격구(擊毬)는 지금의 폴로 경기와 비슷하게 말을 타고 하는 공놀이이다. 타 구는 원래 페르시아에서 시작하여 당나라를 거쳐 발해에 전해졌다고 한다.

그런데 여기서 놓쳐서는 안 될 중요한 사실이 하나 있다. 그것은 고대 사회에 서 행해진 모든 놀이는 단순히 노는 것이 아니라 놀면서도 체력을 기르는 것을 목표로 삼았다는 점이다. 이는 고구려에서 음력 3월이면 낙랑 언덕에서 연 사냥 대회와 씨름 시합이 체력 단련과 군사 훈련을 위한 행사였던 점과 통한다. 발해 에서 즐긴 활쏘기, 타구, 격구도 놀이이면서 체력 단련의 한 과정이었다. 다음 시는 아슬아슬한 타구 경기 장면을 실감나게 전해 준다.

이른 봄에 타구 경기를 구경하고

화창한 봄날 이른 아침에 자욱한 안개 사라졌는데
사신들 때를 어길세라 앞마당을 나섰네
공중에서 휘두르는 곤봉 초생달인 양싶고
땅에서 굴러가는 공 유성과도 같아라
요리조리 치고 막고 하면서 골문을 향해 돌진하는데
떼를 지어 달리는 말발굽 소리 하늘 땅을 진동하네
북 소리 환호 소리 급하기도 하였건만
관중들 경기가 빨리 끝났다 아쉬워하네.

당나라 사람들의 격구 장면을 그린 벽화 중국 산시 성(陝西省: 섬서성) 건현(乾縣) 장회 태자 무덤 벽화에 그려진 장면이다.

  일본에 사신으로 갔던 왕문구가 일본 왕 앞에서 이 경기를 시연하자(822년 정월), 왕은 면 200둔(屯, 45킬로그램)으로 내기를 걸었고, 이 때 왕과 신하가 지은 시가 전한다.

  발해 사람들이 공놀이를 얼마나 좋아했던지, 발해 사람들이 구마(毬馬)놀이에 정신이 팔린 틈을 타 거란에서 망명한 야율할저(耶律轄底)가 말을 훔쳐 거란으로 다시 달아날 정도였다고 한다.

  그러나 정확한 시기는 모르지만 발해가 망하고 거란이 세운 요나라에서 발해의 전통 놀이인 격구는 금지되었다. 그러다가 발해 유민들이 많이 살던 요나라의 동경유수(東京留守)로 있던 소효충이 건의하여 격구 금지 조치를 풀어 주었다(1038년). 동경은 중요한 군사 기지인데, 격구를 하지 않으면 무엇으로 군사 훈련을 하느냐는 이유를 내세운 것이다. 이러한 놀이를 통해 체력을 단련한 발해 사람들의 용맹스러움은 외국에까지 널리 알려졌다고 한다.

아! 그렇구나 쪽구들 난방

우리는 대개 온돌이 우리 고유의 문화라고 알고 있다. 그러나 고대의 우리 조상들은 보통 우리가 알고 있는 온돌을 이용하지 않았다. 고구려 무덤 벽화에서 우리는 주인공들이 평상에 앉아 있는 모습을 많이 볼 수 있다. 발해 궁전에서도 왕이 잠을 자는 건물에서 온돌 장치가 발견되었는데, 방 전체가 아니라 'ㄱ'자 모양으로 일부에만 설치되어 있었다. 이러한 이 온돌 장치를 '쪽구들'이라고 한다.

상경성에서 넓은 궁궐 터가 발굴되었고, 그 가운데 왕실 사람들이 잠을 자는 침전에서 온돌이 일곱 군데나 발견되었다. 여기서도 방바닥 전체에 온돌 장치를 하지 않고 쪽구들을 설치했다.

방이 뜨거워지기까지는 다음과 같은 순서를 거친다. 부엌 아궁이에서 장작불을 때면 부뚜막의 가마솥에서는 밥이 끓는다. 동시에 장작불의 열기가 방바닥 밑에 있는 고래라는 틈으로 들어가면서 고래 위에 놓아 둔 넓적한 돌(구들장)을 데우

고, 뜨거워진 돌의 열기가 방 전체를 덥힌다. 열전도라는 성질을 이용한 난방법이 온돌의 원리인 것이다.

고구려 사람들은 일찍이 한반도 북부와 만주의 추위를 견디기 위해 온돌을 개발했다. 발해의 온돌이 고구려의 전통을 이은 것임은 물론이다. 고구려 사람들이 중심이 되어 발해를 세웠기 때문에 발해 문화에는 고구려 문화의 흔적이 많이 남아 있다. 발해는 그러한 바탕 위에 당 문화를 적극 받아들여 귀족 문화를 발전시키는 한편, 반움집에서 거친 말갈 토기를 사용하는 말갈의 서민 문화도 살려 웅장하고 건실한 문화를 만들어 낸 것이다.

우리 나라에서 방 전체에 온돌을 깔고, 또 궁궐이나 관청에서 민가로, 그리고 전국적으로 온돌이 확대된 시기는 조선 시대라고 본다. 따라서 발해 당시만 해도 주로 의자에 앉아서 생활했을 것이다.

상경 용천부의 4궁궐 터에서 발굴된 온돌 구조(왼쪽)
고구려 온돌의 전통을 이어받은 흔적이 뚜렷하다.
아차산 4보루에서 발굴된 7, 8호 온돌 모습

6

발해를 꿈꾸며

발해의 멸망, 발해의 꿈

거대한 제국, 역사 속으로 사라지다

907년 당나라가 망하고 후량국(後梁國)이 들어서면서 중국에는 5대 역사가 시작됩니다. 이 때 한반도에서는 후삼국의 혼란기를 맞이하여 후백제와 태봉(고려)이 세력 다툼을 벌이지요. 발해의 마지막 왕 대인선 시기(906~926년)는 거란이 한반도와 중국 중원 지방 및 발해의 혼란을 틈타 세력을 확장하던 때라고 할 수 있습니다. 따라서 대외 관계도 복잡하게 전개되었습니다.

강성해진 거란, 발해를 침략하다

916년, 거란의 한 부족 추장이었던 야율아보기(耶律阿保機)는 거란을 통일하고 스스로 황제임을 온 나라에 알립니다. 그리고 다른 종족들처럼 많은 물자와 땅을 가지고 있는 중국을 침략하려고 합니다. 그러려면 늘 배후에서 위협이 되었던 발해를 먼저 없앨 필요가 있었지요.

시라무렌 강가에서 일어난 거란은 점차 세력을 확장하면서 동쪽으로 발해를 위협하다가 마침내 발해를 무너뜨립니다. 거란 초기에 외교 관계를 맺고 사신을 보낸(918년) 발해는, 이후 거란의 동쪽 진출에 위협을 느껴 다시 적대 관계로 돌아섭니다. 거란에서 먼저 발해 사람들을 약탈하여 랴오양(遼陽 : 요양) 땅으로 끌고 가자(919년), 발해는 군대를 보내 거란 랴오저우(遼州 : 요주)를 공격하여 자사(刺史) 장수실을 죽이고 사람들을 납치해 왔습니다(924년).

925년 12월, 야율아보기는 직접 군대를 이끌고 발해로 쳐들어왔습니다. 1년 전 랴오저우 공격에 대한 보복이었지요. 거란은 먼저 부여성을 포위 공격했습니다. 부여성은 옛날 부여국 이래의 오랜 성으로, 발해 15부 가운데 하나인 부여부가 있던 곳이자, 상경 용천부에서 거란의 수도로 통하는 국경 지대의 요충지였지요. 이 때 부여성을 지키는 병사는 많지 않았고, 성벽은 허술한 채 방치되어 있었으며, 무기와 군량 또한 부족한 상태였습니다. 거란군의 침략에 부여성은 쉽게 무너지고 말았습니다.

거란군은 계속 동쪽으로 재빠르게 진격했습니다. 부여성을 점령한 지 엿새 만에 상경 용천부 홀한성을 포위했습니다. 성 안의 군사

와 백성들은 적의 공격에 맞서 필사적으로 싸웠습니다. 그러나 지배
층을 대표한 왕은 거란의 요구에 따라 패배자 차림을 하고 성 밖 거
란 병영에 가서 정식으로 항복했습니다. 15대 230여 년에 걸쳐 위세
를 떨치던 발해가 거란의 공격을 견디지 못하고 마침내 멸망하는 순
간이었습니다(926년 1월 14일).

발해 지배층은 항복했지만 여전히 홀한성 안에는 완강하게 저항
하는 군사와 백성들이 있었습니다. 때문에 거란군은 선뜻 안으로 들

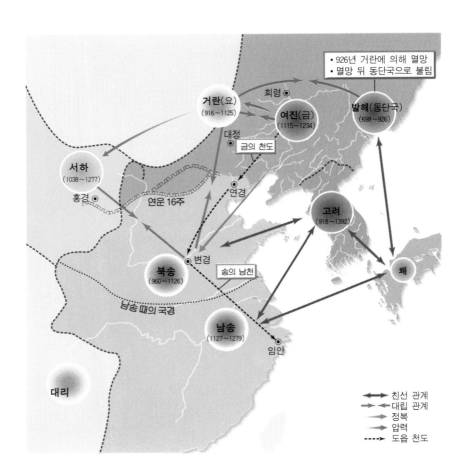

발해 멸망 이후의 영토

의 지도 속 라벨들:

- 거란(요) (916~1125)
- 회령
- 여진(금) (1115~1234)
- 발해(동단국) (698~926)
  - • 926년 거란에 의해 멸망
  - • 멸망 뒤 동단국으로 불림
- 대정
- 금의 천도
- 서하 (1038~1277)
- 홍경
- 연운 16주
- 연경
- 동해
- 고려 (918~1392)
- 변경
- 북송 (960~1126)
- 송의 남천
- 황해
- 왜
- 남송 때의 국경
- 남송 (1127~1279)
- 임안
- 대리

범례:
- ←→ 친선 관계
- →← 대립 관계
- → 정복
- → 압력
- ----→ 도읍 천도

어가지 못하다가 왕이 투항한 지 닷새가 지난 뒤에야 시종 등 13명
을 성 안으로 들여보내 무기고의 병장기를 가져오게 했습니다. 그러
나 발해 경비병들이 현장에서 곧바로 이들을 처단하고 폭동을 일으
켰지요. 폭동은 곧 확대되어 병사들이 모여들었고, 이들은 왕을 끌
어 내어 투항을 취소하고 다시 항전에 나서라고 요구했습니다.

거란군은 다시 공격을 시작했고 다음 날 성을 무참히 무너뜨렸습
니다. 이로써 발해는 완전히 멸망했습니다.

그토록 허망하게 무너지다니

발해가 어떻게, 왜 멸망했는지는 구체적인 기록이 없어 잘 알 수 없습니다. 전설처럼 마지막 왕이 술과 여자에 빠져 나랏일을 돌보지 않아서인지도 모릅니다. 그러나 현재 전하는 기록을 보면 지배층 사이에 권력 싸움이 벌어졌던 것 같습니다.

마침 거란족이 당나라의 혼란을 틈타 발해 서쪽에서 세력을 크게 키웠습니다. 이들은 살기 좋은 중국 땅으로 들어가기 위해 계속 중국과 전쟁을 벌였는데, 그 때마다 그들 뒤에 있는 발해가 부담스러웠습니다. 혹시 당나라와 힘을 합쳐 자신을 치지나 않을까 불안했던 것입니다.

거란군이 진격을 시작한 뒤 채 한 달이 되지 않아 발해 도성이 함락되고 발해 왕이 항복하여 나라가 망했습니다. 이렇게 짧은 기간에 발해가 망한 이유는 무엇일까요? 거란군의 주력 부대인 기병대가 신속히 움직였기 때문이기도 하지만, 거란인 스스로 "발해 사람들의 분열을 틈타 출격했기에 싸우지 않고 이겼다"고 표현했듯이, 발해 자체의 내부 분열이 가장 큰 이유였을 것입니다.

우리는 앞에서 발해 사회가 근본적인 약점을 안고 있음을 확인했습니다. 주민들이 고구려 사람과 말갈 사람 두 계통으로 이루어졌다는 사실이지요. 나라에 살고 있는 사람들이 지배층과 출신이 다른데다가 지배층 사이에 분열이 일어났으니, 결국 나라의 조직이 흔들리고 힘이 약해진 것이지요.

아! 그렇구나 거란의 흥망

거란족은 랴오허 상류인 시라무렌 강 근처에서 유목 생활을 하던 몽골 계통의 종족
이다. 《위서》를 비롯한 중국 기록에는 4세기 때부터 '거란(契丹)'이라 쓰여 있다. 거
란이 5세기 후반에 다링허(大凌河:대릉하) 근처로 내려오면서부터 중국과 자주 만나
게 된다. 한때 당나라와 돌궐, 그리고 위구르 제국의 지배 아래 있기도 했으나, 9세
기부터는 부족의 힘을 모아 서서히 자립할 기회를 엿보다가 당나라 말쯤 위구르 세
력이 밀려난 틈을 타서 강성한 나라를 만든다.

거란(요나라) 중경탑

그 때가 10세기 초로 여러 부족들
의 칸(우두머리:可汗)이었던 야율아
보기가 지위를 굳혀 군주가 되었고,
나라를 세워 '대거란국'이라 한다
(916년). 그는 흩어진 부족을 통합한
뒤 내몽골과 외몽골의 초원 지대, 그
리고 장성 안쪽의 일부 농경 지대를
자기 땅으로 만들었다. 다시 동쪽으
로 만주의 발해를 멸망시켜(926년)
그 곳에 동단국(東丹國)을 세우는 등
넓은 땅을 가진 제국이 되었다.

야율아보기의 아들 태종은 남쪽
중국 땅을 치는 데 힘써 지금의 베이
징과 산시(山西:산서) 북쪽에 걸친
연운(燕雲) 16주 지방을 차지했으며,
나라 이름을 중국식으로 고쳐 '대요
(大遼)'라 했다(936년). 이 때부터 그

땅에 상경·중경·동경·서경·남경의 다섯 서울을 두어 한족과 발해 사람들을 살게 했고, 이들을 다스리기 위해 중국에서 지방을 다스릴 때 쓴 주현제라는 제도를 실시했다.

거란의 6대 임금 성종은 강한 권력을 쥐고 스스로 많은 군대를 거느리고 남쪽으로 내려가 송나라를 쳐부수고(1004년), 송나라로부터 해마다 은 10만 냥과 비단 20만 필을 바치겠다는 약속을 받았다. 그리고 동쪽으로 여진과 고려를, 서쪽으로는 당항(黨項)의 여러 부족과 위구르 등을 쳐서 만주에서 신강 지역에 이르는 커다란 제국으로 발전한다. 이리하여 거란(契丹 : Kitai, Cathay)은 멀리 서방 지역까지 알려져 중국의 대명사처럼 그 이름이 알려졌다. 그러나 요나라는 성종 때를 고비로 차츰 약해져 금나라와 송나라의 공격으로 멸망한다(1125년).

거란 중경성 남벽의 토성

발해는 백두산 화산 폭발로 망했다?

언젠가 KBS 역사 스페셜에서는 발해가 백두산의 화산 폭발 때문에 망했다는 내용을 방영했다. 호기심을 자극하는 내용이었다. 가장 오랫동안 발해의 수도였던 상경 지역에 가 보니 과연 주변이 온통 화산 폭발로 생긴 현무암으로 이루어져 있었다. 상경성 문 터를 비롯해 궁궐 터 모두 현무암으로 이루어져 있었다. 상경성 주변 조선족 마을은 마치 제주도에 온 것 같은 착각이 들 정도로 비슷한 풍경이었다. 현무암 돌담과 새끼줄로 엮은 초가집에서 우리말을 쓰는 사람들이 살고 있었기 때문이다.

경박호 주변 조선족 마을 경박호 주변에는 조선족이 많이 모여 살고 있다. 대부분 농사를 지으며 살지만 관광객을 상대로 물건을 팔거나 식당을 경영하는 사람들도 많다.

과연 발해는 화산 폭발로 망했을까? 연구 결과 이것은 전혀 근거 없는 이야기임이 밝혀졌다. 발해 상경성 주변에 있는 현무암 덩어리들은 백두산의 화산 분출로 이루어진 게 아니라, 경박호 부근의 용암 분출로 형성된 것이다. 또 그 분출도 발해가 세워지기 훨씬 이전인 지질 시대에 이루어졌다. 발해가 화산 폭발 때문에 멸망했다는 말이 호기심을 불러일으킬지 몰라도 역사적 사실과는 전혀 관계 없는 이야기이다.

경박호 호수 끝에 있는 경박폭포 조수루(弔水樓) 폭포라고도 하는데, 동양의 나이아가라라고 불린다. 둘레가 둥그렇게 파여 화산 분출구와 같은 곳으로, 높이는 약 20미터이다. 필자가 방문했을 때는 물이 많이 말라 장관을 느낄 수 없었다.

성장립자(城墻砬子)산성
경박호 중간의 서쪽 높은 지대에 있는 발해 시대의 산성으로 발해 성벽이 이 산을 둘러싸고 있다. '홀한주삼왕대도독(忽汗州三王大都督)'이란 글자가 있는 구리 도장이 출토되어, 이 곳이 발해 시대에 중요한 성이었음을 알 수 있다.

발해, 그 이후

고려 땅으로, 고려 땅으로

거란은 발해를 무너뜨린 뒤 그 땅에 동단국(東丹國)을 세우고 거란 황제의 맏아들에게 맡깁니다. 동쪽에 세워진 거란(契丹)의 나라라는 뜻으로 '동단국'이라 이름했다지요. 항복한 발해 귀족들은 그 나라에서 실권이 없는 벼슬 자리를 받았습니다.

하지만 발해 멸망 뒤 그 유민들은 거란족에 대항하여 각지에서 저항 운동을 펼쳤습니다. 무려 200여 년 동안 끈질긴 부흥 운동을 전개하면서 후발해국(뒤에 세워진 발해라는 뜻 : 926~), 정안국(定安國 : ?~980년), 흥료국(興遼國 : 1029~1030년), 대발해국(1116년)을 세워 옛날의 영광을 되살리고자 했습니다. 그러나 중심 세력이 없다 보니 이들의 노력은 계속 꺾이고 말았지요. 게다가 거란은 발해 사람들의 저항을 원천적으로 봉쇄하기 위해 발해 유민을 랴오둥 지역으로 강제 이주시켰습니다. 이 무렵 발해 왕자 대광현은 수천 명을 이끌고 거란을 벗어나 고려에 투항합니다.

부흥 운동이 실패할 때마다 발해 사람들은 계속 고려 땅으로 들어왔습니다. 신라 말 고려가 세워지고 고려가 발해처럼 고구려를 계승한 나라라고 생각하자 신라보다 고려를 더 친하게 생각했기 때문입니다. 고려도 이에 응답하여 중국에게 "우리는 발해와 결혼했다"고 말했을 정도이지요.

기록을 보면 918~925년 사이에, 고려와 발해는 서로 공주와 왕자를 결혼시키는 결혼 관계 또는 이에 걸맞은 외교 관계를 맺었다고 합니다. 반대로 거란에 대해서는 매우 적대적이었고요. 거란이 고려에 사신을 파견했으나, 고려는 거란이 발해와 화해 관계를 깬 것은 도리에 어긋난다고 꾸짖고 거란 사신을 만부교에서 죽여 버립니다.

또 고려는 발해 유민들을 계속 받아들였고, 특히 대광현에게는 고려 왕성인 왕씨 성을 주어 족보에 올립니다. 고려 태조 당시 발해 왕실과의 결혼 정책에서 비롯한 일이겠지요. 이후에도 발해 주민들은 새로이 나라를 일으키려고 노력하다 뜻대로 되지 않으면 고려에 도움을 청하기도 했습니다.

멸망 이후 발해 유민들은 금나라 때까지 200여 년 동안 주로 랴오둥 지방에 자취를 남기다가 서서히 중국 역사 속으로 흡수되었습니다. 발해 사람들 가운데 몇몇 집단은 요나라나 금나라의 지배층에 들어가 활동하기도 했습니다.

발해의 마지막 임금은 애왕(哀王)입니다. 그는 임금이 된 뒤 이전 왕들이 이룩한 업적을 돌보지 않고 술과 여자에 빠져 신하들의 충고마저 외면했지요. 그러던 중 발해의 힘은 날로 약해졌고 그 틈을 타서 거란이 공격해 왔습니다. 그러나 애왕은 거란이 도성을 공격해 올 때에도 궁전 뒤 어화원에서 술판을 벌이고 있었지요. 도성이 함락되었다는 말을 듣고서야 임금은 혼비백산 도망할 준비를 했어요. 그는 발해 왕실에 예부터 내려오는 금으로 만든 보물 거울을 챙겨 친척, 신하들과 함께 서경으로 도망하다가 경박 호숫가에서 거란군을 만났습니다. 더 이상 도망할 곳이 없자 애왕은 하늘을 우러러 탄식하고 보물 거울을 껴안고 호수로 뛰어들었습니다. 함께 가던 사람들도 하나 둘씩 뛰어들었는데, 나중에 이들은 머리가 셋 달리고 눈이 여섯 달린 고기가 되었다고 합니다.

이러한 전설이 경박호에 남아 있는 것은 발해가 너무 급작스럽게 망한 사실에 대한 아쉬움이 컸기 때문이 아닐까요?

발해의 후손, 태씨 성으로 이어지다

230여 년 동안 나라를 유지한 발해는 예맥* 계통의 종족이 만주 지역에 세운 마지막 나라였습니다. 발해 멸망과 이에 따른 발해 사람들의 이주로 만주 중간과 동쪽 지역의 종족 구성에 근본적인 변화가 생깁니다. 예맥족 계통 대신 말갈-여진으로 이어지는 만주족이 이 지역의 주된 족속이 되고, 그들에 의해 금나라가 등장한 것입니다.

발해 유민들은 거란족이 세운 요나라, 여진족이 세운 금나라의 통치를 받았습니다. 이들은 말갈-여진 계통 사람들과 달리 계속 발해 사람으로 살면서 대연림이 흥료국을, 고영창이 대발해국을 세워 발해를 다시 일으키려고 했으나 결국 실패하고 맙니다. 나중에 세워진 금나라 왕실에서는 랴오둥 땅에 살던 발해 사람들의 번성을 두려워한 나머지, 발해 사람들을 작은 규모로 나누어 장성(長城) 남쪽으로 강제 이주시켰습니다. 이주해 온 발해 사람들은 점차 중국인〔漢人: 한인〕으로 흡수되어 지금은 그 흔적을 찾을 수 없습니다.

발해의 백성으로 오늘날까지 이어진 집단으로는 태씨(太氏)가 있습니다. 발해 왕족들이 고려에 들어와 태씨 성으로 불린 것입니다. 태(太)는 대(大)와 마찬가지로 모두 크다는 뜻입니다. 태씨에는 영순 태씨와 협계 태씨, 그리고 남원 태씨가 있습니다. 진짜 이름 대신 예명을 쓰는 가수 태진아는 여기에 해당하지 않겠지만, 우리 나라에는 태씨 성을 가진 연예인이나 경제인이 꽤 있습니다. 이들이 바로 대조영의 후손들이지요. 경상 북도 경산군에 있는 영순 태씨도 지금은 강한 경상도 사투리를 쓰고 있지만, 천여 년 전으로 올라가면 발해 말을 쓰는 조상들로 이어지지요.

예맥(濊貊)
청동기 시대 이래 만주 지역, 곧 중국 동북 지방에 거주했던 종족으로, 이들 중심으로 고조선 · 부여 · 고구려 · 옥저 · 동예 등의 국가가 세워졌다. 우리 나라 고대 국가를 이루었던 주된 종족이라 할 수 있다.

안타깝게도 태씨들은 자기 조상의 역사를 정리한 족보 같은 문서를 잘 간직하지 못했습니다. 만일 이들이 발해 땅에서의 자취를 적은 기록을 챙겨 왔다면, 발해는 지금처럼 신비의 나라가 아닌 확실한 역사를 지닌 나라로 자리 잡았을 것입니다. 최근 영순 태씨 집안에서 보관하고 있는 족보가 알려지기는 했으나, 그것은 조선 시대 이후에 만들어진 족보이지요. 거란은 발해를 멸망시킨 뒤 수도를 불살라 남아 있던 기록마저 한 줌의 재로 만들어 버렸습니다.

　여기서 우리는 참으로 중요한 사실 한 가지를 배울 수 있습니다. 한 나라의 역사를 살리는 데는 기록만큼 중요한 것이 없다는 점입니다. 작게는 매일매일 자신의 하루 일을 정리하는 일기도 중요합니다. 그리고 가족 이야기를 담은 신문이나 기록을 남기는 것은 나중에 자기 집안의 역사, 나아가 한 나라의 역사를 기록하는 데 중요한 구실을 할 수 있다는 점 명심했으면 합니다.

영순 태씨 후손들

지금 우리에게 발해는

고려가 발해사를 짓지 않았으니, 고려의 국력이 떨치지 못하였음을 알 수 있다. 옛날에 고씨(고주몽)가 북쪽에 거주하여 고구려라 하였고, 부여씨(온조, 비류)가 서남쪽에 거주하여 백제라 하였으며, 박씨(박혁거세)·석씨(석탈해)·김씨(김알지)가 동남쪽에 거주하여 신라라 하였으니, 이것이 삼국이다. 마땅히 삼국 역사가 있어야 했는데, 고려가 이것을 편찬하였으니 옳은 일이다. 부여씨가 망하고 고씨가 망하자 김씨가 그 남쪽을 차지하였고, 대씨가 그 북쪽을 차지하여 발해라 하였으니, 이것을 남북국이라 부른다. 마땅히 남북국 역사가 있어야 했음에도 고려가 이를 편찬하지 않은 것은 잘못이다. (유득공의 《발해고》 머리글 가운데)

고려 시대에 김부식은 《삼국사기》를 쓰면서 신라를 우리 역사의 중심에 놓았습니다. 자연히 고구려는 중심에서 밀려났고, 그 뒤 600여 년 동안 고구려와 발해는 우리의 관심 밖에 있었습니다. 오랫동안 잊혀져 있던 발해를 다시 발견한 사람은 조선 후기 실학자 유득공입니다. 유득공은 남쪽의 통일신라와 북쪽의 발해를 함께 가리키는 '남북국 시대'란 말을 처음으로 사용해 오늘날 만주 지방을 우리 역사 속으로 다시 끌어들였습니다.

유득공은 발해 땅이 거란과 여진에게 넘어갔는데, 고려 왕조에서 역사를 기록하지 않았기 때문에 이제는 이 땅을 도로 찾으려 해도 근거가 없게 되었다고 한탄했습니다.

　조선 후기, 특히 정조 임금 때 실학자들 사이에 만주 땅에 대한 관

무릇 대씨는 누구인가? 바로 고구려 사람이다. 그가 소유한 땅은 누구의 땅인 가? 바로 고구려 땅으로 동쪽과 서쪽, 그리고 북쪽을 개척하여 이보다 더 넓혔 던 것이다. 김씨가 망하고 대씨가 망한 뒤에 왕씨가 통합하여 고려라 했는데, 남 쪽으로 김씨의 땅을 온전히 소유했지만 북쪽에 있는 대씨 땅을 모두 소유하지 못해 나머지가 여진족에 들어가고 거란족에 들어가기도 했다.

이 때 고려를 위해 계책을 세우는 사람이 급히 발해사를 써서, 이것으로 "왜 우 리 발해 땅을 돌려주지 않는가? 발해 땅은 바로 고구려 땅이다" 하고 여진족을 꾸짖은 뒤 장군 한 명을 보내서 그 땅을 거두어 오게 했다면, 토문강(두만강) 북 쪽 땅을 소유할 수 있었을 것이다. 또 이것으로 "왜 우리 발해 땅을 돌려주지 않 는가? 발해 땅은 바로 고구려 땅이다" 하고 거란족을 꾸짖은 뒤 장군 한 명을 보 내서 그 땅을 거두어 오게 했다면, 압록강 서쪽 땅을 소유할 수 있었을 것이다.

그러나 끝내 발해사를 쓰지 않아서 토문강 북쪽과 압록강 서쪽이 누구 땅인지 알지 못하게 되어 여진족을 꾸짖으려 해도 할 말 없고, 거란족을 꾸짖으려 해도 할 말이 없게 되었다. 고려가 마침내 약한 나라가 된 것은 발해 땅을 얻지 못했 기 때문이니, 크게 한탄할 일이다. (유득공의 《발해고》 머리글 가운데)

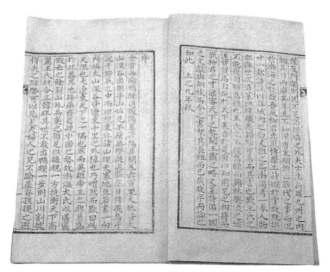

유득공의 《발해고》 유득공은 《발해고》에서 발해 선왕이 남쪽으로 신라를 정벌한 사실과, 발해 남경 남해부가 신라로 가는 길로 신라와 교류했다는 사실을 말하고 있다. 그러나 만주 일대의 넓은 땅에서 활동하던 발해는 망했고, 유득공을 비롯한 이종휘 등 여러 실학자들은 이를 매우 안타까워했다. 과거 우리의 활동 무대였던 만주 땅을 잃어버렸다는 사실에 대한 아쉬움 때문이다.

심이 일어납니다. 청나라가 조만간 망할지도 모른다는 생각 때문이었지요. 청나라가 망하는 것과 만주에 대한 관심이 무슨 관계가 있냐고요? 물론 관계가 있습니다.

만일 청나라가 망해 만주족이 만주로 쫓겨 오면, 우리 나라 변방이 다시 시끄러워지고 국방이 불안해지기 때문입니다. 때문에 어떤 학자는 이러한 일이 일어나기 전에 미리 만주 땅을 다시 차지해야 한다고 주장하기도 했습니다. '잃어버린 땅을 되찾는다'는 의미에서 그것을 '고토 회복 사상(故土回復思想)'이라고 부릅니다. 유득공이 발해 영토에 관심을 갖는 데에도 이러한 사회 분위기가 큰 영향을 끼쳤지요.

유득공은 한 걸음 나아가 발해 역사를 우리 역사 속에 포함시키기 위해 많은 노력을 기울였습니다. 마침내 그는 《발해고》를 써서 만주 일대의 넓은 영토를 차지해 '해동성국'이라 불리던 발해 모습을 제대로 그려 보고자 했습니다. 그리고 발해의 옛 땅을 다시 찾아야 한다는 간절한 마음을 전하려고 했지요.

유득공은 보았습니다. 발해는 고구려 사람들이 고구려 땅에 세운 나라임을 말입니다. 그는 이 때부터 조선이 강해지려면 발해 땅을

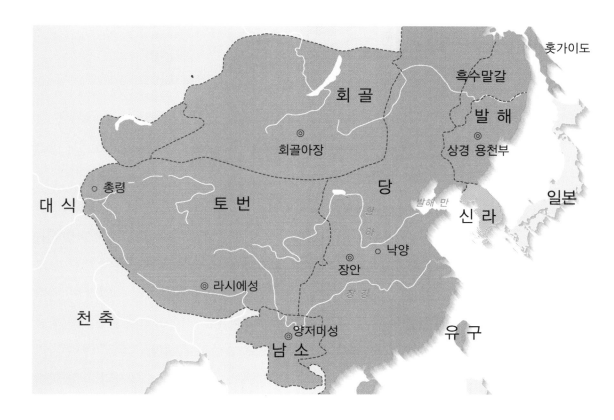

찾아야겠다는 생각을 하게 되었지요. 만일 어떤 땅을 차지하려면 맨 먼저 무엇이 필요할까요? 일제 강점기에 일본 사람들이 만주를 차지하기 위해 가장 먼저 만주 역사를 정리했다는 사실을 기억한다면 답은 바로 나옵니다. 바로 역사를 먼저 찾아야 합니다. 역사를 알아야 앞으로의 활동 방향과 목표를 세울 수 있으니까요.

당나라 후기 강역과 변방 각 종족의 분포

발해를 보는 여러 눈

"중국 소수 민족 중 하나인 말갈족이 발해를 건국했다. 따라서 발해는 중국 역사다."

이것은 요즘 중국 역사학자들이 주장하는 말입니다. 중국 학자들은 발해 역사를 오로지 말갈족의 흥망성쇠로 봅니다. 역사상 발해는 사방 5000리도 넘게 영토를 넓혔습니다. 땅 크기가 현재 만주 동부 지역(북한 포함)에 미치고 북쪽으로는 헤이룽 강까지 미쳤지요. 따라서 발해 유물과 유적 역시 중국, 러시아, 북한 지역에서 골고루 발굴될 수밖에요. 이런 현실이다 보니 중국과 러시아, 그리고 우리 나라(남북한을 포함한 넓은 의미)는 발해가 서로 자기네 역사라고 한 마디씩 한답니다.

우리 나라 역사학자들은 발해를 우리 역사라고 생각합니다. 그런데 우리 주변의 다른 나라들도 저마다 발해를 자기네 역사로 설명합니다. 그 이유는 역사를 어떤 눈으로 보느냐에 따라 다양한 해석이 가능하기 때문이지요. 발해에 대한 생각 차이가 가장 단적으로 드러나는 것은 바로 학교에서 배우는 역사 교과서입니다. 각 나라의 역사를 알 수 있는 가장 중요한 책은 바로 교과서라고 할 수 있습니다. 지금까지 각 나라의 역사에 대한 연구 성과가 종합되어 있기 때문이지요.

우리 나라 초등 학교 6학년 1학기 사회 교과서에는 '고구려를 이어받은 나라인 발해에 대하여 조사해 보자'라는 제목으로 다음과 같은

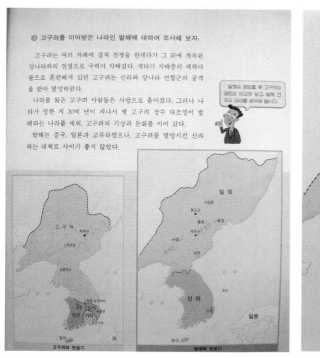

내용이 실려 있습니다.

우리 나라 초등 학교 6학년 1학기 사회 교과서
전체 내용이 우리 나라 역사를 다루었는데, 여기에는 '고구려를 이어받은 나라'로서 발해 역사를 4쪽 분량으로 실었다.

　　고구려는 여러 차례에 걸쳐 전쟁을 한데다가 그 뒤에 계속된 당나라와의 전쟁으로 국력이 약해졌다. 게다가 지배층의 세력 다툼으로 혼란에 빠져 있는 고구려는 신라와 당나라 연합군의 공격을 받아 멸망하였다. 나라를 잃은 고구려 사람들은 사방으로 흩어졌다. 그러나 나라가 망한 지 30여 년이 지나서 옛 고구려 장수 대조영이 발해라는 나라를 세워, 고구려의 기상과 문화를 이어 갔다.

　　발해는 중국, 일본과 교류하였으나 고구려를 멸망시킨 신라와는 대체로 사이가 좋지 않았다. 고구려와 마찬가지로 발해에서도 불교가 융성했다. 발해의 문화·예술은 매우 세련되었는데, 이는 고구려 문화의 특색 위에 당나라 문화의 특색을 더했기 때문이다. 발해 문화의 특징은 수도인 상경을 중심으로 중경, 동경, 남경, 서경 등 5경 주변의 유적에 잘 나타나 있다. 이들 유적에서는 고구려 후기의 양식을 이어받은 무덤과 기와, 벽돌 등이 많이 발견되었다.

위 글에는 발해가 점점 당나라 문화를 받아들인 점과 함께 고구려 역사를 계승한 나라라는 사실이 잘 정리되어 있습니다. 초등 학생들이 배우는 역사 내용만 보아도 발해 역사가 고구려를 계승했다는 점은 부정할 수 없는 진실로 보입니다.

그런데 왜 다른 나라에서는 발해사를 자기네 역사라고 보는 걸까요? 그것은 모든 역사학자들이 자신과 자기 나라 입장에서 역사를 바라보기 때문입니다. 발해가 있었던 땅에 지금 살고 있는 나라(중국, 북한, 러시아)들은 저마다 발해가 자기 조상들의 역사라고 주장합니다. 현재 발해사에 대해 가장 많은 연구 성과를 내고 있는 중국 학자들은, 발해가 자기 역사라고 거듭 강조하면서 우리 나라의 발해사 연구 자체를 마땅찮게 생각합니다. 그리고 그들은 자신들의 고대 역사가 우리 나라 학자들에게 위협당하고 있다고 말합니다.

발해는 당나라의 지방 정권이었다?

중국 청소년들이 배우는 역사 교과서를 한번 볼까요? 중국 보통 고급 중학교 교과서(인민교육출판사, 2001년)의 '중국 고대사' 부분에 발해 역사가 실려 있습니다. 4장 봉건 사회의 번영과 수당(隋唐) 시대를 보면, '수당이 통일한 다민족 국가의 발전'이라는 큰 제목 아래 '말갈과 발해국' 항목을 두어 발해를 설명하고 있습니다.

> 말갈은 쑹화 강·헤이룽 강 유역에 분포하며 주로 어로와 목축을 하며 생활한다. 7세기 중기 이후, 말갈의 흑수와 속말 두 부(部)가 강해졌다. 8세기 전기에 당나라 왕실은 흑수말갈 지구에 도독부를 설치하고, 그 수령을 도독(지방 행정 책임자)으로 임명했다. 흑수말갈 지구는 정식으로 당나라 왕실의 판도 안에 들어갔다.
>
> 발해는 당나라 왕실을 모방하여 주현제를 실행했다. 농업에서는 중국의 선진 기술을 채용하고, 벼 생산량이 높았으며 질량도 좋았다. 수공업에서는 방직을 주로 했고, 당나라 왕실에 어아주·조하주를 진상했는데 상당히 세밀하고 아름다웠다. 당나라와 무역이 빈번하여 당은 산둥 반도 덩저우에 발해관을 설치하고 전문적으로 발해 사신과 상인을 접대했다.

중국 보통 고급 중학교 역사 교과서

윗글에서는 먼저 말갈족에 대한 서술을 통해 발해가 당연히 말갈족의 나라라고 설명합니다. 그리고 뒷부분에서는 말갈이 세운 발해가 주로 중국과 교류하면서 성장했다는 점을 강조하고 있고요. 한 마디로 발해는 당나라의 지방 정권이라는 주장이지요.

그런데 책장을 넘기면 '수당 시기의 대외 관계'라는 항목이 나오는데, 여기에서 신라와 서로 우호 관계가

상경 유지 박물관 전경
발해의 가장 오랜 수도였던 상경 용천부 상경성 어귀에 있는 박물관. 'ㄷ'자 모양으로 된 전시실에 발해의 유물이 전시되어 있다. 그러나 한국에서 발해 역사를 한국의 고대사로 보고 있다는 점 때문에, 한국 방문객들을 감시하고 사진은 물론 유물에 대한 정보를 메모하는 것조차 허용하지 않는다.

있었다고 소개하고 있습니다. 대외 관계 부분에서 신라를 소개한 것은, 신라는 당나라와 다른 외국이라는 인식을 드러낸 것이지요. 이에 견주어 보면 발해는 외국이 아니라 당나라 지방 정권이라고 보았음이 확실합니다.

발해가 당나라의 지방 정권이었다는 견해는 주로 중국 학자들이 내세운 것입니다. 가장 오랫동안 발해의 수도였던 상경성 어귀에는 발해사와 관련된 중요한 유물을 전시하는 상경유지 박물관이 있습니다. 그런데 입구를 지나 진열실에 들어가면 첫머리에 "발해국(698~926년)은 당 왕조에 예속되어 있었으며, 속말말갈을 주체로 건립된 지방 민족 정권이다"로 시작되는 안내문이 붙어 있습니다. 그리고 그 옆 발해의 원류에 대한 도표에는 말갈이 속말말갈과 흑수말갈로 갈라지는데 발해는 속말말갈의 후신이며, 결국 이들 모두가 현재 만족(만주족)의 조상이라고 쓰여 있습니다.

그러나 우리 입장에서 보면 발해가 나중에 중국 민족으로 흡수되는 말갈족이 세운 나라라는 주장은 받아들일 수 없습니다. 중국 사람들은 자기들 생각이 너무나 당연하다고 오히려 항변하지요. 그리고 중국 논문에는 '당 시대의 발해(唐代渤海 : 당대발해)', '당 왕조의 발해(唐

朝渤海 : 당조발해)'라는 구절이 항상 들어갈 정도이지요. 중국 사람들은 발해를 '발해 말갈' 또는 '말갈 발해'로 낮춰 부르기도 합니다.

발해 역사에 대한 중국의 생각을 가장 잘 보여 주는 것이 정효 공주의 무덤입니다. 발해 역사에 뛰어난 자취를 남긴 3대 문왕의 넷째 딸 정효 공주 무덤에는 한글과 중국어로 쓰여진 안내문이 있습니다. 그 내용은 "발해는 당조 때 속말말갈인이 기원 698년~926년 기간에 우리 나라 동북 지방과 지금의 소련 연해 지방에 세웠던 지방 정권이다"라는 문장으로 시작합니다.

일본·러시아가 보는 발해

일본 학계에서는 발해가 존재한 때를 동아시아 교류와 관련해서 생각합니다. 발해에 대한 일본 학계의 시각을 엿보는 데 가장 좋은 자료 또한 교과서입니다.

일본 교과서를 보면, 1930년대 이후 발해를 만주 역사의 일부로 보려는 경향이 오랫동안 이어졌습니다. 1980년대 초반에 이르러 직접적 표현은 사라졌지만 지도에는 발해가 당의 일부로 표시되기도 했습니다. 1989년 이후에는 발해를 만주 역사의 일부로 쓰지는 않았으나, 발해가 당나라에 조공을 바쳐야 하는 관계였음을 강조하는 교과서가 나타났습니다. 중국이 우월한 위치에 있고 발해가 해마다 조공을 바치는 나라였다는 것이지요. 이것은 많은 나라들이 중국에 조공을 바치는 동아시아 질서 속에서 일본만큼은 독자적인 힘을 유지했음을 강조하는 서술이기도 합니다.

일 본

단후

가하 악협

월전 단미 출운 장문

좌도 능동 백기

출우 은기 대마

육오

축자도

동 해 신 라

서 해

남경 남해부

동경 용원부 발 해

중경 현덕부

말 갈 서경 압록부

상경 용천부 ▲동모산

**연해주 · 조선에서 본
일본 지도**

　러시아 학자들도 발해사에 대해 많은 관심을 갖고 있습니다. 주로 연해주 지방에 남아 있는 발해 유적과 유물을 조사하여 발해 변방에 해당하는 역사를 연구하고 있지요. 러시아 학자들 역시 그들 자신의 눈으로 발해사를 바라봅니다. 주로 발해사를 독립된 역사로 보려고 하지요. 여기에는 발해사를 중국사에서 떼어 내어 러시아 역사에 편입시키려는 의도가 깔려 있습니다. 그러나 연해주 지방의 역사만을 통해 발해 전체 역사를 규정하려는 것은 분명 잘못입니다. 발해사를 러시아 동쪽의 소수 민족인 말갈족의 역사, 나아가 러시아 역사의 한 부분으로 파악하기 때문이지요.

발해를 찾는 이유

우리 나라 발해사 연구자들은 고구려 문화와 전통을 계승한 발해의 흔적을 더욱 가까이에서 연구하고, 그 결과를 우리 국민에게 소개하기 위해 노력하고 있습니다.

우리 나라는 공산권과 문호를 개방하기 시작한 1980년대 말부터 본격적으로 발해 연구에 관심을 가졌습니다. 그 옛날 중국의 만주, 러시아의 연해주, 그리고 북한 땅 대부분을 지배하던 발해 역사를 연구할 필요성을 깨달은 거지요. 하지만 발해가 멸망한 뒤 발해 유민들은 강제로 랴오둥 반도로 옮겨졌고, 수도였던 상경은 불에 타 발해 역사의 자취는 거의 남아 있지 않습니다. 완전히 소멸됐다고 말해도 될 만큼요. 그런데 1949년 중국 둔화 시에서 발해 3대 왕 문왕의 둘째 딸 정혜 공주의 무덤이 발견되었고, 그 뒤 1980년에는 지린 성에서 넷째 딸 정효 공주의 무덤이 발굴되었습니다. 아마도 이것은 발해 사람들이 남긴 거의 유일한 기록일 겁니다.

그 밖에도 기와, 탑, 무덤 등 발해 유물들이 중국을 비롯해 러시아, 일본, 그리고 북한에서 조금씩 출토되었습니다. 발해와 교류하던 중국이나 일본, 그리고 우리 기록에도 단편적인 자료들이 있고요. 서서히 발해가 그 모습을 드러내기 시작한 것입니다.

그런데 앞에서 보았듯이 각 나라마다 발해에 대해 저마다 다르게 생각하는 것은 무엇 때문일까요? 그것은 자기 민족의 역사가 다른 나라보다 뛰어나고 오래되었다고 보는 생각(이것을 '민족주의'라고 하지요) 때문이랍니다. 이 생각 때문에 발해에 대한 어떤 문헌 자료를 보아도 각 나라 학자들은 모두 자기 나라와 연관지어 해석합니다.

예부터 주민들이 살고 있는 땅이란 시간이 흐름에 따라 늘 주인공이 변하게 마련입니다. 그런데 중국 사람들은 지금의 중국 땅 범위만큼 선을 그어 놓고 그 안에서 펼쳐졌던 역사들을 모두 중국 역사로 보려 합니다. 과거의 역사 속으로 들어가 보지 않고 현재 그 땅을 누가 차지했느냐가 중요하다는 자세이지요. 정말 단순하고도 옳지 못한 태도 아닌가요? 역사는 과거 시대로 들어가 누가 어떠한 삶을 살았는지를 보는 태도가 무엇보다도 중요한데 말입니다.

이것은 달리 말하면, 한 지역에서 펼쳐진 고대 역사가 어느 나라 역사인지를 따지는 것은 그다지 중요한 문제가 아닐 수 있다는 말입니다. 발해 땅에는 이전에 고구려가 있었고, 그 문화를 발해가 계승했으며, 통일신라와 일정한 관계를 유지했기 때문에 우리는 발해 역사를 당연히 알아야 하는 것입니다. 고구려 계통 사람과 말갈 사람이 함께 살았던 발해는, 역사학자가 보기에 따라서는 중국의 역사도 될 수 있고 우리 민족의 역사가 될 수도 있습니다.

하지만 무엇보다 더 중요한 것은 발해가 오늘날 우리에게 던져 주는 역사적 교훈은 무엇인지, 그리고 발해라고 하는 나라의 진짜 모습, 살아 있는 모습은 어떠한지를 찾는 일이겠지요.

솔빈부의 중심지였던 우수리스크 보리소프카 발해 절터에서 나온 불상 발해가 우리에게 무엇보다 중요한 것은 발해가 오늘날 우리에게 던져 주는 역사적 교훈은 무엇인지, 그리고 발해라고 하는 나라의 진짜 모습, 살아 있는 모습은 어떠한지를 찾는 일이다.

남북국 시대론

발해는 한국 역사의 일부이다. "발해는 원래 고구려 영토에 고구려 유민들이 세운 국가로서, 고구려를 우리 역사에서 다룬다면 발해도 당연히 우리 역사에서 다루어야 한다"는 것이다. 발해 주민의 다수를 차지한 말갈족은 발해가 없어진 뒤 역사에서 자취를 감추었다. 이에 비해 지배층을 형성했던 고구려 유민은 그 출신으로 보나, 나라가 망한 뒤의 행방으로 보나, 발해 왕이 일본과 주고받은 문서에서 보나 한국사에서 다룰 수밖에 없다.

신채호는 고대사를 연구하면서 통일신라와 발해가 있던 시대를 '양국 시대'라는 명칭으로 부르자고 했다. 신라가 이룬 삼국 통일을 부정적으로 보면서 발해를 우리 역사에 포함시키자는 입장이다. 발해사를 우리 역사로 본다면 가능한 명칭이라고 생각한다.

이러한 견해에도 불구하고 그 동안 역사서에서 발해사는 무척 소외되었다. 특히 왕조를 기준으로 쓸 경우, 흔히 삼국 시대 다음을 통일신라 시대로 못박고 발해 역사를 통일신라 시대 안에서 간단히 처리하는 경우가 많았다.

그러나 통일신라 시대라는 개념 안에서는 발해를 포괄할 수 없다. 발해는 신라와 대등한 국가로 존재했기 때문이다. 이러한 문제점을 인식하고 발해사를 한국사 품안으로 적극적으로 끌어들여야 한다는 입장에서 나온 논리가 '남북국 시대론'이다.

발해는 고구려가 망하고 30년 뒤인 698년 건국되어 926년에 멸망하기까지 230여 년 동안 남쪽의 신라와 남북국(南北國)을 이루었다. 남북국 시대라는 용어는 물론 남쪽 나라 신라와 북쪽 나라 발해를 모두 포괄하는 개념이다. 이러한 주장은 새삼스럽게 최근에 와서 제기된 게 아니고 이미 오래 전부터 있었다.

신라와 발해를 남북국으로 인식하고, 이 시기를 남북국 시대라고 처음 주장한 사람은 조선 시대 실학자 유득공이다. 그는 《발해고》(1784년)의 머리글에서 이렇게 말했다.

고려가 발해사를 짓지 않았으니 고려의 국력이 떨치지 못하였음을 알 수 있다. ……부여씨(백제)가 망하고 고씨(고구려)가 망하자 김씨(신라)가 그 남쪽을 차지하였고, 대씨(발해)가 그 북쪽을 차지하여 발해라 하였으니, 이것을 남북국이라 이른다. 마땅히 남북국 역사가 있어야 했음에도 고려가 이를 편찬하지 않은 것은 잘못된 일이다.

유득공은 남북국 시대 설정과 이에 따른 역사 서술은 옛 땅을 수복하는 전제 조건이라고 생각한 것이다. 김정호 역시 《대동지지》(1864년)에서 남북국이란 개념을 사용했다.

살피건대 삼한의 여러 나라들이 통합되어 삼국을 이루었으니 신라·가야·백제가 그것이다. 그 뒤 가야가 망하고 고구려가 남쪽으로 천도하여 다시금 삼국을 이루었다. 고구려·백제가 망한 뒤 50년 만에 발해가 다시 고구려의 옛 땅을 이어받아 신라와 더불어 200여 년 간 남북국을 이루었다.

일제 강점기에는 민족주의 역사학자인 장도빈과 권덕규가 이 주장을 받아들여, '삼국 시대와 남북국'이라고 하거나 '남북조'를 독립 서술하여 신라와 발해를 대등하게 다루었다.

1945년 해방 뒤에는 남북국 시대를 말하는 사람은 많지 않았지만, 이 때부터 남북국 시대라는 용어가 역사책에 보편적으로 사용된 것은 상당히 흥미롭다. 38선으로 나뉜 남과 북을 하나로 통일해야 한다는 시대적 사명감 속에 분단 상황이 남북국의 발해와 통일신라 같다고 인식한 모양이다.

그 뒤 적극적으로 남북국 시대론을 주장한 사람은 이우성이다. 그는 삼국 시대란 말처럼 하나의 용어로 널리 사용되지 못하고 있는 '남북국 시대'는 원래 그 자체가 하나의 역사상의 시대이며, 우리 나라 역사 속에 뚜렷이 위치한다고 주장했다.

연구자들 사이에 남북국 시대라는 개념이 일반화되지 못한 책임은 일차적으로 《삼국사기》에서 발해 역사를 뺀 김부식에게 있다고도 하지만, 꼭 김부식만의 책임은 아니다. 지금 김부식을 비판하는 학자들도 '남북국 시대'라는 개념을 쓰는 것에는 선뜻 동의하지 않는다. 알게 모르게 일제 강점기 일본 역사학자들의 영향을 받았기 때문이기도 한다. 일본 역사학자들은 발해 역사를 우리 역사로 보려 하지 않기 때문에, 남북국 시대란 용어를 전혀 사용하지 않았기 때문이다.

다행히 요즈음 남북국 시대라는 용어를 사용하는 책이 늘어나고, 7차 교육 과정 교과서에는 통일신라와 발해 시대를 처음부터 '남북국 시대'라고 쓰고 있다. 그 동안 고구려 · 백제 · 신라가 있던 때를 '삼국 시대'라고 써 왔고, 중국도 북쪽에 있던 북위(北魏) 왕조와 남쪽에 있던 서진(西晉) · 동진(東晉)을 합쳐서 '위진 남북조 시대'란 명칭을 쓰는 마당에, 남북국 시대란 명칭을 피할 필요는 없다고 생각한다. 다만 학자들 사이에 진지한 토론과 논쟁을 거쳐 합의를 이끌어 내야 한다는 과제가 남아 있다. 어쩌면 앞으로 여러분이 남북국 시대에 대한 많은 숙제를 풀어야 할지도 모르겠다.

발해 편을 마치며 – 우리는 왜 발해를 찾아야 하나

국내에 발해사 연구자가 손꼽을 정도이고, 연구 성과 또한 많지 않은 상태에서 전공 분야가 아닌 발해 역사를 한 권의 책으로 쓴다는 것은 일종의 모험이었습니다. 그러나 그 동안의 여러 연구 내용을 정리하면서 많은 것을 깨달았습니다. 특히 더 많은 사람들이 발해와 같은 만주 땅에서 펼쳐진 우리 고대 역사에 관심을 가져야 한다는 사실을 말이죠.

고조선에 이어 고구려가 터를 잡았고, 다시 이 드넓은 땅에 거대한 제국을 세운 왕조가 있었습니다. 그 왕조를 마지막으로 우리 역사의 무대는 한반도로 축소되었지요. 우리 역사상 마지막으로 만주를 지배했고 가장 방대한 영토를 가졌던 왕조의 이름은 바로 '발해'입니다. 고구려의 기상을 이어받은 발해는 만주에서 일어나 만주에서 멸망한 유일한 나라였습니다. 유일하게 처음부터 끝까지 황제만이 쓰는 독자적인 연호를 사용한 나라가 발해입니다.

발해는 동북 아시아 무대에 등장한 지 불과 100여 년 만에 새로운 강자로 자리매김했습니다. 우리는 오랫동안 삼국 시대 이후의 시기를 '통일신라 시대'라고 불러 왔습니다. 그러나 그 시기, 통일신라의 북쪽에는 발해가 있었습니다. 그래서 최근에는 이 시기를 '남북국 시대'라 부르기 시작했습니다. 이는 발해 역사를 우리 역사로 인식하고 끌어안는 것을 의미합니다. 이제는 발해를 우리 역사로 생각하고 그들의 삶을 보다 자세히 알아보아야 할 일입니다. 그러나 그 동안 우리는 발해가 누구의 역사인가에만 관심을 두다 보니 그 땅에 살았던 사람들의 생활 모습을 잘 알지 못했습니다. 발해를 세운 대조영의 활약상, 일반 백성 대부분을 이룬 말갈 사람들의 생활 모습 등은 모두 우리가 앞으로 그려 내야 할 모습입니다.

분명 발해의 역사와 문화는 처음에는 고구려 문화가 중심을 이루었습니다. 시간이 지날수록 당나라의 영향을 더 많이 받으며 다양하게 변해 갔지요. 여기서 우리가 깊이 생각해야 할 점이 있습니다. 바로 발해 문화는 발해 문화 그 자체로 보아야 한다는 것입니다.

우리는 그 동안 발해 문화가 고구려 문화를 이어받았다든지, 아니면 당나라 문화를 많이 이어받았다는 사실만 중요하게 여겼습니다. 그러나 발해 사람들도 발해 땅에 살면서 스스로의 생활 방식대로 살았을 것입니다. 발해 사람들은 고구려 사람으로 살았던 것도 아니며, 중국 사람으로 살았던 것도 아닙니다. 일반 사람들이 열심히 살았던 당시의 모습을 배우고 그들의 넉넉한 인심을 확인하는 것이 역사를 공부하는 중요한 이유의 하나라고 할 수 있겠지요.

발해 사람들은 남쪽 나라 신라와 많은 교류를 했습니다. 그러면서 서로 긴장하고 대립하기도 했지요. 결국 고려 왕조가 세워지면서 두 나라 주민들은 하나의 땅에서 살게 됩니다.

현재로 돌아와 한반도를 생각해 봅시다. 휴전선을 사이에 둔 남한과 북한 주민들도 언젠가는 하나로 어우러질 수 있겠지요? 과거 발해와 신라 사람들의 생활 모습에서 어떻게 하면 남북이 교류할 수 있을지, 또 한반도 평화를 위해서는 무엇이 필요한지 등 지혜를 얻었으면 하는 바람도 가져 봅니다.

우리는 보통 역사를 공부하는 가장 중요한 이유는, 과거에 대한 지식을 통해 오늘의 자신을 돌아보고 더 나은 미래를 설계하기 위한 교훈을 얻는 것이라고 말합니다. 때문에 과거 어떤 나라보다도 발해사에 애착을 가지는 것 자체가, 바로 오늘날 우리가 해결해야 할 궁극적인 과제, 곧 남북 분단 문제를 풀 지혜를 얻는 방법이기도 합니다.

과거 역사는 우리 조상들이 살아온 자취이지만 한반도 땅에 남겨진 역사에만 관심을 두어서는 안 됩니다. 우리 조상들의 역사가 동아시아 사회 전체에서 어떤 위치에 있었고, 세계 역사를 살았던 사람들과는 어떤 차이가 있었는지도 알아야겠습니다. 한반도 중심으로 역사를 보는 눈에서 벗어나 만주 땅과 연해주, 나아가 동아시아 전체로 우리 고대 역사의 지평을 넓힐 수 있다는 것, 그것이 우리가 1300년 전 발해를 기억해야 하는 이유입니다.

2005년 정월, 청원군 달여울 마을에서

송 호 정

발해 연표

발해	통일신라	후백제 · 고려	세계사

698년 대조영이 동모산으로 옮겨와 진국을 세우다(고
왕 원년)

713년 당의 사신 최흔이 발해에 와서 대조영을 발해
군왕으로, 대조영의 아들 대무예를 계루군왕으
로 책봉하다. 이 때부터 국호를 발해로 불렀다.

719년 고왕이 사망하고 아들 대무예가 즉위하다.

732년 장수 장문휴가 당나라 덩저우를 공격하다.

733년 당 요청으로 신라가 발해 남쪽을 공격하다.

무왕대(?) 구국에서 현주로 천도하다.

737년 무왕이 사망하고 아들 대흠무가 즉위하다.

739년 문왕 대흥 3년 서요덕을 일본 사신으로 보내다
(2차). 이 때 그의 직책이 약홀주 도독이었는데
약홀주는 목저주 · 현토주와 함께 62주를 설치
하기 이전의 고구려식 명칭이다.

756년 초 755년 11월에 일어난 안록산의 난을 피해 현
주에서 상경으로 천도하다.

759. 1~778년 12월 이 기간에 일본에서 발해를 고려라
고 부르기도 하다.

765년 경덕왕 사망, 혜공왕 즉위.

762년 당에서 왕을 발해 군왕에서 발해 국왕으로 불
렀다. 이 무렵부터 발해군에서 발해국으로 승
격되다.

768년 대공의 난 일어나다.

771년 성덕대왕 신종(에밀레종)이 만들어지다.

771년 일만복을 일본에 발해 사신으로 보내다(7차).
이 때 가져간 국서에 천손(天孫:하늘의 자손)을
자칭하고, 양국을 구생(舅甥:장인과 사위 또는 외
삼촌과 조카) 관계로 규정하려 했다.

776년 사도몽을 일본 사신으로 보내다(9차). 이 때 그
가 남해부 토호포에서 출발했다고 하여 처음 5
경 이름이 나타나다.

777년 4월 정혜 공주(737~777년) 죽어 780년 11월에 장
례를 치르다.

780년 이찬 김지정이 반란을 일으켜 궁궐을 포위하
자, 상대등 김양상과 이찬 김경신 등이 군사를
몰아 김지정을 죽이다. 혜공왕 사망, 김양상
(선덕왕) 즉위.

710년 일본, 수도를 헤이죠쿄(평성경)으로 옮기다.

712년 당, 현종 즉위하다.

726년 크리스트 교가 분열하기 시작.

744년 위구르 건국.

750년 이슬람의 아바스 왕조가 서다.

751년 프랑크 왕국, 카롤링거 왕조 성립.

755년 당, 안록산의 난이 일어나다.

771년 카롤루스 대제가 프랑크 왕국을 통일하다.

785년 선덕왕 사망, 상대등 김경신(원성왕)이 즉위.

788년 원성왕, 독서삼품과 설치.

780년대 후반 수도를 상경에서 동경으로 옮기다.

790년 3월 신라가 백어를 발해 사신으로 파견하다.

792년 6월 정효 공주(757~792년) 죽어 그 해 11월에
장례를 치르다.

793년 문왕이 죽고 대원의가 즉위하다.

793(?) 대원의가 1년 만에 피살되고 대굉림의 아들
대화여가 즉위하다. 성왕 중흥 원년 즉위한
뒤 수도를 동경에서 상경으로 옮기다.

794년 강왕 정력 원년 성왕이 사망하자 문왕의 작
은 아들인 대숭린이 즉위하다.

795년 여정림을 일본에 사신으로 보내다(13차). 이때
의 국서에 "강왕이 겨우 목숨을 부지하다가 왕
위에 올랐다"고 언급하다.

798년 일본에서 6년에 한 번씩 사신을 파견하라고
통보해 오다. 대창태를 일본에 사신으로 보내
다(14차). 이 때의 국서에 강왕은 "교화를 따
르는 부지런한 마음은 고씨에게서 그 발자취
를 찾을 수 있다"고 말하다.

809년 김언승이 아우 제옹과 함께 군사를 일으켜 조
카 애장왕을 죽이고 즉위, 헌덕왕이 되다.

812년 김헌창의 난 일어나다.

818년 초 간왕이 1년 만에 사망하자 대야발의 4세손
인 대인수가 즉위하다.

818~820년 신라 방면과 랴오둥 방면을 공격하다.

828년 일본이 발해 사신과 사사로운 교역을 금지시
키다.

828년 장보고의 요청으로 청해진 설치.

833년 전국에 큰 기근이 들고 돌림병이 퍼지다.

839년 김양이 장보고의 군사를 빌려 민애왕을 죽이
고 김우징(신무왕)을 추대하다.
신무왕 사망, 문성왕 즉위.

832년 대이진 함화 2년 당의 사신 왕종우가 귀국하
여 발해에 좌우신책군, 좌우삼군, 120사를 둔
사실을 그림으로 그려서 보고하다.

834년 윤 5월 과거에 허왕부의 참군 · 기도위였던 조
문휴의 어머니 이씨가 불상을 조성하다.

790년 바이킹이 유럽을 침입하기 시작하다.

800년대 이슬람 문화의 전성기.

800년 서로마 제국이 부활하다. 마오리 족이 뉴질
랜드에 도착하다.

829년 잉글랜드 왕국 통일.

9월, 당의 사신 장건장이 발해에 도착하여 이
듬해에 돌아가다.

834년 흥덕왕, 골품제의 규제를 재강조하는 명령을
내리다.

841 윤 9월 하복연을 일본에 사신으로 보내다(24차).
이 때 보낸 중대성첩 사본이 일본에 남아 있
다. 이 글에서 발해를 랴오양으로, 일본을 일
역(日域)으로부르다.

845년 문성왕이 장보고의 딸을 후비로 삼으려다 신
하들의 반대로 그만두다.

846년 장보고, 청해진에서 문성왕이 보낸 자객에게
피살.

849년 5월 왕문구가 일본에 사신으로 갔다가(20차) 귀
국할 때 받아온 국서에도 발해와 일본을 각각
랴오양과 일역으로 대비하다.

840년대 후반 이후 발해 사람들이 당나라의 빈공과에
급제하기 시작하다.

859년 발해 사신 오효신이(26차) 일본에 장경선명력
(발해의 역법과 달력)을 전하여 1684년까지 사
용되다.

861년 4월 발해 사신 이거정이(27차) 일본에 불정존승
다라니경을 전해 현재 이시야마테라(石山寺:
석산사)에 보관되어 있다.

872년 오소도가 당나라 빈공과 시험에 급제하다. 이
때 신라의 이동보다 이름이 위에 붙다.

885년 최치원, 당에서 귀국하다.

889년 조정에서 지방에 세금을 독촉하자 전국에서
농민들이 들고일어나다.
원종과 애노가 사벌주(상주)에서 반란을 일으
키다.

894년 최치원이 진성여왕에게 시무 10여 조를 올렸
으나 시행되지 못하다.

897년 7월 당에 하정사(해마다 새해가 되면 관례상 중국
황제에게 새해 인사를 가는 사신)로 간 왕자 대봉
예가 신라보다 윗자리에 앉기를 요청했으나
당이 허락하지 않다.

892년 견훤, 후백제를 세우다.

898년 궁예, 송악에서 나라를 일으키다.

843년 프랑크, 베르됭 조약으로 세 개의 왕국으로 나
뉘다.

862년 러시아, 노브고로드 공국이 성립하다.
870년 메르센 조약에 따라 독일, 프랑스, 이탈리아
성립하다.
875년 당, 황소의 난이 일어나다.

894년 일본이 당과 교류를 중지하다.

905년 궁예, 도읍을 철원으로 옮기다.
906년 오광찬이 당나라의 빈공과 시험에 급제하다.
       신라 최언위보다 이름이 아래에 붙다.
908년 일본의 오에아사츠나[大江朝江]가 발해 사신
       배구(33차)에게 지어 준 글에서 발해 사신을
       '요수(遼水)의 손님'이라 표현하다.
911년 직후 발해가 신라 등의 여러 나라와 비밀리에
       관계를 맺다.
918년 왕건, 궁예를 죽이고 고려를 세우다.
919년 왕건, 송악으로 도읍을 옮기다.
925년 9월 신덕 장군 등 500여 명이 고려로 들어가면
       서 발해 사람들의 고려 망명이 시작되다.
926년 1월 거란에게 망하다.
927년 견훤, 신라 수도를 공격, 경애왕을 자살케 하
       고 경순왕을 세운 뒤 철수하다.
935년 3월 견훤의 아들 신검이 견훤을 금산사에 유
       폐하고 즉위.
935년 6월 견훤, 고려에 망명하다.
935년 10월 통일신라 멸망.

907년 당이 망하고, 5대 10국 시대가 전개되다.

911년 노르망디 공국 성립.

916년 거란이 나라를 세우다.

사진 제공

참고 문헌

책

송송방, 《한국음악통사》, 일조각, 1984
노태돈 외, 《한국사》 10권 발해 편, 국사편찬위원회, 1996
양지군 편 《동북아 고고자료 역문집》 발해전호, 북방문물
잡지사, 1998
송기호 해제, 《발해사》, 이론과 실천, 1989
박시형 외, 《발해사 연구를 위하여》, 천지출판, 2000
《발해사연구》 1집(1993년)~9집, 연변대학출판사, 1993
송기호 옮김, 《발해고》, 홍익출판사, 2000
정영진, 《고구려 발해 말갈 묘장 비교연구》, 연변대학출판
사, 2003
송기호 역, 《발해의 역사》, 한림대 아시아문화연구소,
1988
송기호, 《발해를 찾아서》, 솔, 1993
송기호, 《발해정치사연구》, 일조각, 1995
송기호, 《발해를 다시 본다》, 주류성, 1999
임상선 편역, 《발해사의 이해》, 신서원, 1999
임상선, 《발해의 지배세력 연구》, 신서원, 1999
한규철, 《발해의 대외관계사–남북국의 형성과 전개》, 신
서원, 1995
송기호·정석배 옮김, 《러시아 연해주와 발해 역사》, 민음
사, 1996
서천굉 역, 《고구려·발해의 고고와 역사》, 학생사, 1989
하마다 코사쿠, 《발해국흥망사》, 길천홍문관, 2000
사회과학원역사연구소, 《발해사》, 1989
사회과학원, 《발해의 력사와 문화》(론문집), 1997
과학백과사전출판사, 《조선전사》 5– 중세 편 발해 및 후기
신라사 –, 1979
한국생활사박물관 편찬위원회, 《한국생활사박물관》 06 발
해·가야생활관, 사계절, 2002
이광웅 글 홍성찬 그림, 《대조영과 발해》, 예림당, 2002
국사 편찬 위원회 1종 도서 편찬위원회, 《중학교 국사》, 교
육 인적 자원부, 2002
국사 편찬 위원회 1종 도서 편찬위원회, 《고등학교 국사》,
교육 인적 자원부, 2002

논문

논문

노태돈, 〈발해국의 주민구성과 발해인의 족원〉, 《한국 고
　　대의 국가와 사회》, 일조각, 1985

노태돈, 〈고구려 · 발해인과 내륙아시아인과의 교섭에 대
　　한 일고찰〉, 《대동문화연구》 23, 성균관대, 1989

송기호 외, 〈발해−한국사인가 중국주변사인가〉, 《역사비
　　평》 1992년 가을호, 1992

송기호, 〈발해사 연구의 몇 가지 문제점〉, 《한국고대사론》
　　10, 한길사, 1988

송기호, 〈발해 성지의 조사와 연구〉, 《한국사론》 19, 국사
　　편찬위원회, 1989

송기호, 〈만주의 발해 · 부여 유적 답사 보고〉, 《한반도와
　　중국 동북 3성의 역사 문화》, 서울대학교출판부, 1999

구난희, 〈국제이해 증진을 위한 발해 · 일본 교류사 학습
　　연구〉, 한국교원대학교 대학원 박사학위논문, 2003

김종복, 〈발해 정치세력의 추이 연구〉, 성균관대학교 대학
　　원 박사학위 논문, 2002

도록

Cultural Relics Publishing House,
　　《RELICS OF PALHAE》 Pyoungyang, 1992

장정덕, 《(발해 건국 1300주년 기념)발해를 찾아서〉, 전쟁
　　기념관, 1998

연해주문화유적조사단 · 고려학술문화재단, 《연해주에 남
　　아 있는 발해 연해주 발해유적 조사보고−》, 1999

서울대학교출판부, 《발해의 유적과 유물》, 2002

조선유적유물도감편찬위원회, 《조선유적유물도감》 10권
　　발해 편, 동광출판사

서울대학교박물관, 《해동성국 발해》, 2004